IMOMI

BI-BODY

DIET

足もみ 美BODY ダイエット

「足健道」さと足ツボ療術院 院長

田辺智美

SATOMI TANABE

産業編集センター

はじめに

二重あご

Before
施術前

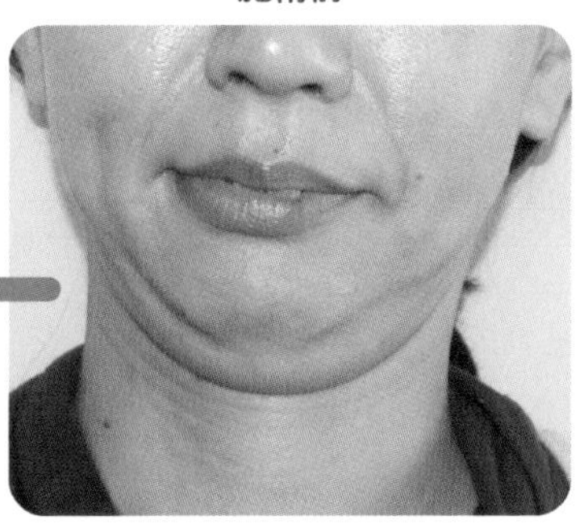

After
1回の施術後

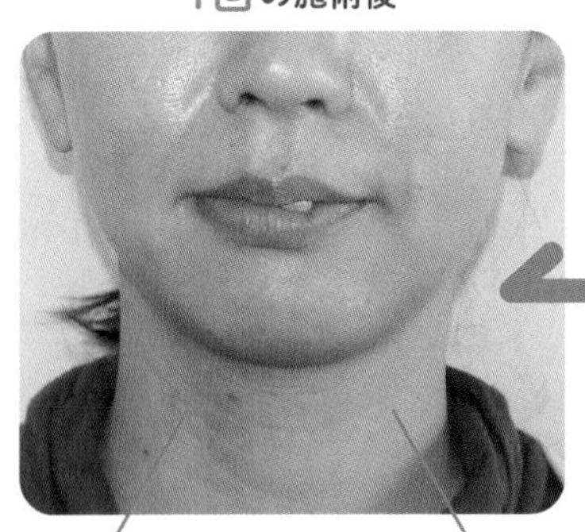

Aさん　30代

ほうれい線が消え、
顔ラインがスッキリしました

コロナ禍で3・5kg増!!
ダイエットに成功するもケガでリバウンド。
改めて、「足もみ」の大切さを実感!

私は16歳の頃から36年間、48kgの体重を維持してきました。しかし、新型コロナによる行動制限が始まって半年後、久しぶりに体重計に乗ると3・5kg増えていたのです。

私は長い間、週に2、3度は体重計に乗り、お風呂上がりに体型を確認し、体重や体型が少し増えたらすぐに戻す「ちょっとだけ習慣」を実践してきました。さらに、28歳のときに、交通事故による重度のむち打ち症を改善するために始めた「足もみ」をするようになってからは、もっと簡単に、すぐに戻せるようになっていました。

ところがこの半年間は、「出かける予定はない」「あの洋服を着る機会は当分ないからいいか」とすぐに戻すルーティンをしなくなっていたのです。同時に免疫力を上げるため栄養満点の食事を心がけているうちに間食も増え、さらに気が抜けてしまったかのように足をもむ時間も極端に減っていました。

「ちょっとだけ習慣」によって体型が維持できていた事に気づいた私は、すぐにその習慣を再開。足もみの時間を増やし、1ヶ月で体重を戻すことができました。

そんな矢先のこと。ある大雪の日に雪かきをしたことで、ピリッと筋が切れるような静電気のような痛みが体中に走りました。さらに20kgはある機器を2階に運ぶ途中、両肩の付け根と肘にグニュッと裂けるような鈍い痛みが走りました。これを境に、肩を少し動かすだけで激しい痛みが繰り返し起こるようになり、肘や手にまで痛みは広がりました。

今度は怪我で、「ちょっとだけ習慣」も足もみもできなくなり、再び3・5kg太ってしまったのです。

急激に体重を減らしリバウンドを繰り返すと太りやすい体質になることを思い知った私は、今度は少しづつ減らしていく計画を立てました。そして、2ヶ月で2kg、4ヶ月で1kg、5ヶ月目に0・5kg、合計3・5kg減らすことに成功したのです。

Before
施術前

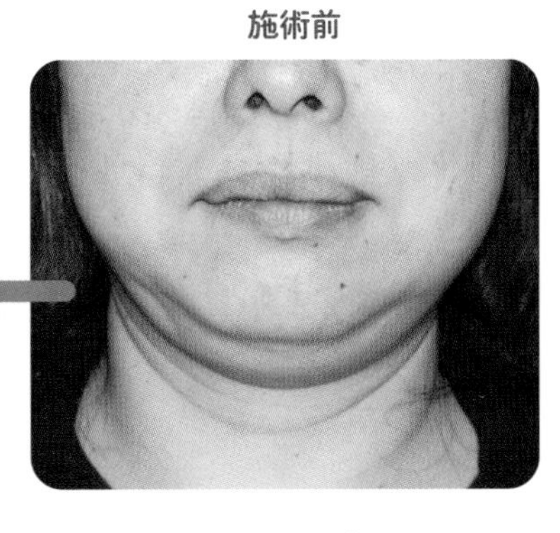

Bさん　40代

After
1回の施術後

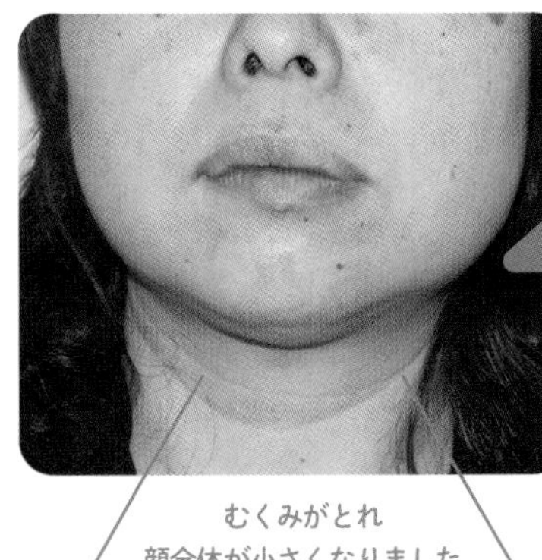

むくみがとれ
顔全体が小さくなりました

やせて健康になって若返る！

年齢を重ねるごとに血流は停滞し代謝は落ち、肉体は老化します。これは「生かされている証」ともいえる自然の法則です。でもこれまで0歳～101歳まで、26000人以上の施術をしてきた中で、毎日足もみを続けている人は、健康改善だけではなく、顔周りがスッキリと引き締まり、やせて若々しくなっていくのを見てきました。

お風呂掃除をイメージしてみてください。毎日サッと洗い、換気をすれば、洗剤を使わなくてもカビは発生しません。でも放置するとアッという間にカビが繁殖し、掃除をするときに手間と時間がかかります。

体も同じです。毎日体をいたわるように足をもむ。この「自分を大切に扱う行為」の積み重ねが、血流を促進し代謝を上げて全身やせを実現してくれるのです。

本書では、これまで私が実践してきた習慣の中から、寝る前、朝の起きがけなどの合間にでき、かつ効果を加速させる、簡単なエクササイズも厳選してご紹介しています。辛いことや食事制限はしません。p28～の「ちょっとだけ

お腹まわり

Before

施術前

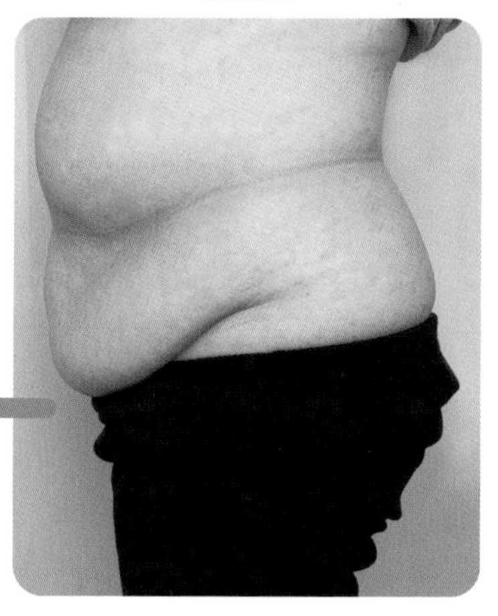

1ヶ月後

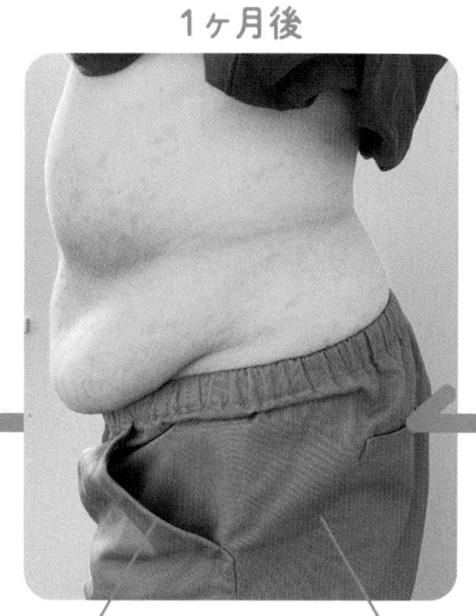

Bさん　50代

おへそラインのお肉に
くぼみが出てきました。
5.5センチ減。

で整う習慣8か条」の中から3つ、p36〜の「のばすだけ楽チン体操」を2つ選んだら即実践してみて下さい。
続ける目安は「年齢÷10」ヶ月。年齢や環境によって新陳代謝量、基礎代謝量が違うので、30歳なら3ヶ月。50歳なら5ヶ月とお考え下さい。

・むくみやすくなった
・ウエスト周りが気になる
・おうち時間が増えてから太ったまま
・辛いことや痛いことをせずに痩せたい
・痩せたいけれど健康も維持したい

人生100年時代。本書は、このような方たちの心強い味方になれるはずです。体の内側から調整できる、美容と健康のためのスキルとして、みんなが足もみをして下さることを、本気で願っています。

「足健道」さと足ツボ療術院　院長　田辺智美

2ヶ月後

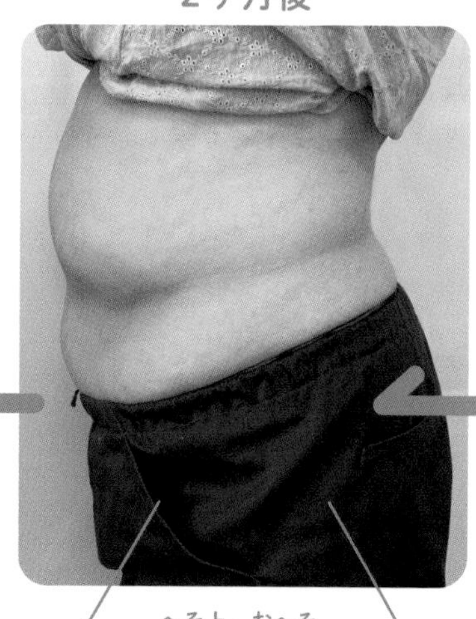

へそ上。おへそ。
へそ下ライン。
全体的に少しずつ減。

After
3ヶ月後

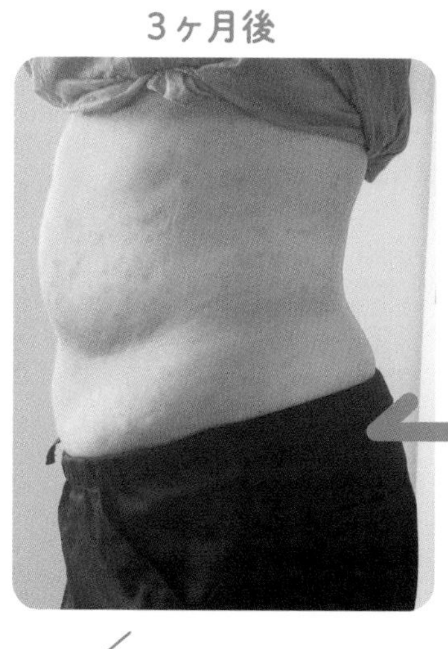

おへそライン&
へそ上5センチ&
へそ下5センチの3箇所を採寸。

施術前

上	へそ	下
98cm	103.5cm	114cm

1ヶ月後

上	へそ	下
98cm	98cm	112.5cm

2ヶ月後

上	へそ	下
94.5cm	101cm	111cm

3ヶ月後

上	へそ	下
92.5cm	95cm	99cm

へそ上ライン　-5.5cm
おへそライン　-8.5cm
へそ下ライン　- 15cm

CONTENTS

ステップ2

足もみと並行して行うと効果アップ！ のばすだけ楽ちん体操

第2章

足もみ！美BODYプログラム

ステップ3

第1章

自己分析と自分専用プログラムの組み立て方

年齢を重ねても、若々しくて、スタイルが良くて、健康である。
想像しただけで嬉しくなる。
これを叶えてくれるのが、足健道の足もみ。

まずは自分の体質・体型を客観的に分析。
ケアするべきポイントを見極め、自分専用プログラムを組みましょう。
この章では、毎日コツコツ続けるだけで効果的に
やせ体質が手に入る習慣を紹介します。

足・ふくらはぎをもむと全身やせにつながるワケ

足をもんで、小顔になれる？
お腹が凹む？　本当？

どうしたものか…
二重顎になっている！
ウエストがない！
ふくらはぎが太い！
足首がない！

二重あごを解消するなら顔を。お腹を細くしたいならお腹をもむのが一番では？

そう思う人は多いと思います。

でも本当なんです。

はじめにで紹介した私の療術院に通う方たちの写真をご覧ください。

彼女たちは、顔やお腹をもみ続けたわけではありません。足をもんで効果を実感したのです。

二重あごの方は1回の施術を受けた直後。お腹痩せの方は、月1回の施術と毎日自分で足をもんだ3ヶ月後の状態です。

足は、心臓から一番遠い位置にあり、重力に引っぱられて老廃物が溜まりやすい場所です。体は、気圧、食生活、運動不足、ストレスなどの影響を受けると、代謝が落ちます。すると足先まで流れてきた血液を、再び心臓まで戻す働きが弱くなり、老廃物が分解・排泄されにくくなり、細胞間にたまり、ふくらはぎがむくむようになります。それを放置していると、さらに代謝は落ち細胞間の老廃物がどんどん蓄積され、全身がむくんできます。これが脂肪を蓄える肥満の始まりです。
　足をもめば、毛細血管は強化され、血流やリンパの流れが良くなり、代謝が上がり、全身の細胞間に溜まっている老廃物が速やかに出ていき、免疫力が強化されます。そのことにより、むくみが解消されて健康的に細くなるのです。
　その証拠として、代謝の良い人は足もみをした直後、遅い人でもその日の晩や翌日、尿がどぉーっと出ます。また、1日に5、6回便が出るという人もいます。
　ではなぜ、足もみで全身やせができるのでしょうか?
　全身の臓器や器官の神経は、足と繋がっています。脳から一番離れている足をもめば、より多くの末梢神経を刺激することができ、全身の臓器や器官が調整され正常に活性し、体の中から体質を変えていくことができるからです。
　そうして新陳代謝が上がれば基礎代謝も上がり、結果的に太らない体作りができるようになるのです。
　本書では、太りにくい体をつくるための3ステップ方式プログラムを伝授していきます。

　まずは、P24「ちょっとだけで整う習慣 8か条」の中から3つ、P36「のばすだけ楽ちん体操」の中から2つ選んでやせ体質を加速させます。次にP42からの「基本の足もみ」で老廃物排泄機能を強化します。3ステップが完了したら、P54からの各痩せたいパーツを選んでください。
　これらを続けることで、驚くほど効果が実感できるはずです。

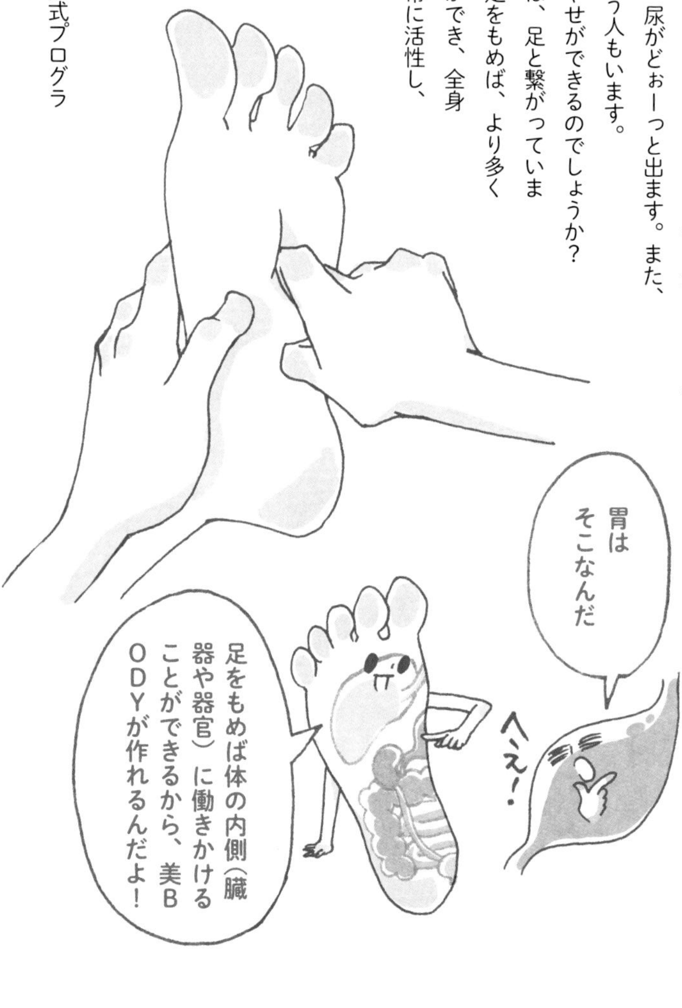

足健道式　足もみの特徴

3つのマッサージ技術の「良いとこどり」が〝やせ体質〟をつくる！

古くから、不調を治すための足のケアは世界中で研究されてきました。大きく分けると、アメリカの医師が考案した「リフレクソロジー」という足裏のマッサージ法と、中国生まれの「経絡マッサージ」、紀元前からエジプトやギリシャで行われていた「リンパマッサージ」の3つがあります。

足健道式足もみは、7カ国のリフレクソロジーとツボとリンパの3つの手法を徹底的に研究し、より良く効く要素を厳選し、組み合わせたオリジナルの手法です。この組み合わせ方に、効率よくむくみを取り、やせる秘密があるのです。

リフレクソロジー

人体の臓器や器官のすべてが足に縮小投影されている反射区をもむことで体を調整し、不調を改善するマッサージ法。例えば「腎臓」の反射区をもめば、腎臓機能が調整される。

経絡マッサージ

エネルギー（気）の流れ道である経絡のライン上にあるツボ（経穴）を刺激することで、エネルギー（気）を正常に整えるマッサージ法。ツボの効能効果が期待できる。

リンパマッサージ

免疫機能と脂肪を運搬するリンパの流れをよくすることで、不調改善を目指しヤセ体質を作るマッサージ法。血管とリンパ管は密接につながり合っているので、毒素排泄を促しむくみがとれる。

チェックリストで自分の体型を分析。体型・体質診断！あなたはどのタイプ？

Let's Check!

実践に入る前に、「やせたい」という願いを最速で叶えるために、体型と体質を診断します。鏡の前に立ち、自分の体をじっくりと観察してみてください。気になる場所はどこですか？二重あごになっていませんか？　二の腕、ひじ、ウエスト、脇肉、背中、お尻、太もも、足首などの他にも普段見ないようにしてきたところも注意深く見つめてみましょう。当てはまる項目にチェックを入れてください。
自分の体に時間を作る。自分を大切にする作業のスタートです。
どこを重点的にピンポイントでケアをしていくかを見極め、理想の体型を手に入れましょう。

1 □ お肉がブラに乗っている
2 □ 猫背である
3 □ ウエストがない

4 □ 腰がそっている

5 □ お尻が垂れている

6 □ 胸が垂れている

7 □ ひじがたるんでいる

8 □ 顔のたるみがある

9 □ 背中のお肉が多い

10 □ お腹のお肉がプニョプニョしている

11 □ 太ももが張っている

12 □ 足がむくみやすい

13 □ 上半身に比べて下半身が太めである

14 □ 膝の上がたるんでいる

15 □ 太ももにセルライトがある

16 □ 足首にくびれがない

17 □ 夕方になると靴がパンパンになる

18 □ 横尻・お尻が大きい

19 □ ふくらはぎがパンパン

20 □ 手がむくむ

21 □ 便秘がち

22 □ 胃が出ている

23 □ お腹を触ると硬い

24 □ 脇腹全体にお肉がついてる

25 □ 下腹がぽっこり出ている

26 □ 首が短い

27 □ 腕が太い

28 □ 二重アゴだ

29 □ 顔がむくみやすい

30 □ 二の腕が太い

診断結果

ずんどうタイプのバナナ型、下半身太りタイプの洋ナシ型、上半身太りタイプのリンゴ型の３つのタイプに分けました。一番多く当てはまるプログラムに進みましょう！

ずんぐり

お腹にだけ老廃物が溜まりやすい

下記の黄色い項目が
多かったあなたは

バナナ型

手足は細いが
ずんどう気味タイプ

1. お肉がブラに乗っている。
2. 猫背である。
3. ウエストがない。
4. 腰がそっている。
5. お尻が垂れている。
6. 胸が垂れている。
7. ひじがたるんでいる。
8. 顔のたるみがある。
9. 背中のお肉が多い。
10. お腹のお肉がプニョプニョしている。

脱バナナ型プログラム はこの組み合わせです。

P56へ　ブルドッグほほ
P58へ　猫背
P62へ　ブラのはみ肉
P66へ　ひじ小僧
P70へ　反り腰
P72へ　ウエスト
P78へ　背中
P80へ　お尻

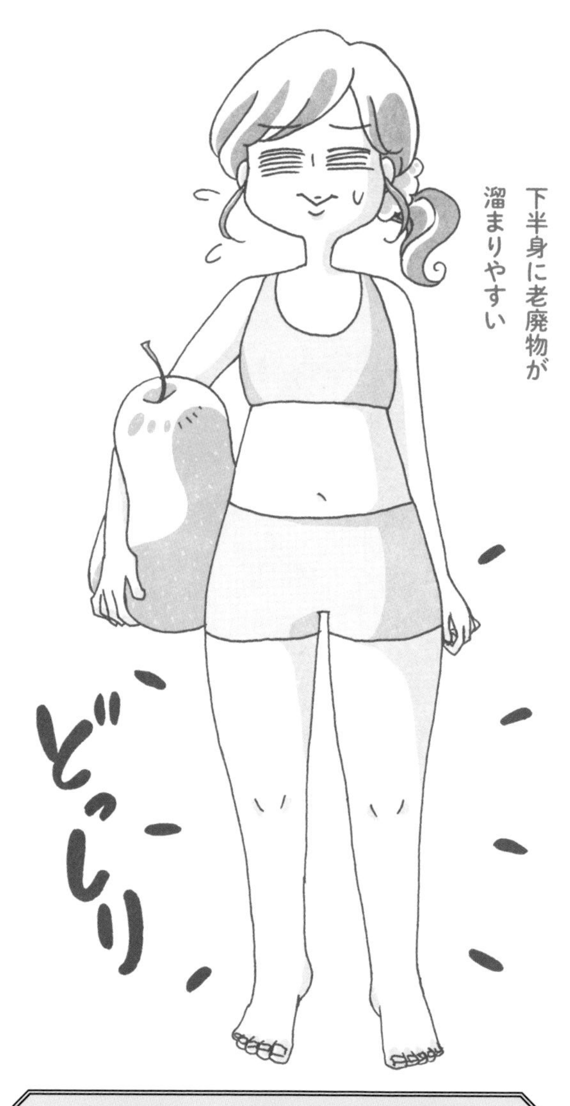

下記の緑の項目が
多かったあなたは

洋ナシ型

上半身は細いが
下半身太めタイプ

1. 足がむくみやすい。
2. 上半身に比べて下半身が太めである。
3. 太ももにセルライトがある。
4. 膝の上がたるんでいる。
5. 足首にくびれがない。
6. 夕方になると靴がパンパンになる。
7. 横尻・お尻が大きい。
8. ふくらはぎがパンパン。
9. 太ももが張っている。
10. 手がむくむ。

脱洋ナシ型プログラム はこの組み合わせです。

P68へ　ひじ下
P70へ　反り腰
P80へ　お尻
P82へ　太もも
P84へ　ふくらはぎ
P86へ　アキレス腱

下記の赤い項目が
多かったあなたは

リンゴ型

下半身は細めなのに
上半身が太めタイプ

1. 顔がむくみやすい。
2. 便秘がち。
3. 脇腹全体にお肉がついている。
4. 胃が出ている。
5. 下腹がぽっこり出ている。
6. お腹を触ると硬い。
7. 首が短い
8. 腕が太い
9. 二重あごだ
10. 二の腕が太い

脱リンゴ型プログラム はこの組み合わせです。

P54へ　二重あご
P60へ　デュルテ
P64へ　二の腕
P72へ　ウエスト
P74へ　出っ腹
P76へ　ぽっこりお腹

あなただけの専用プログラムを組み合わせましょう。

memo

黄色　　　個	バナナ型 手足は細いがずんどう気味タイプ お腹に老廃物が溜まりやすい体質
緑色　　　個	洋ナシ型 上半身は細いのに下半身太めタイプ 下半身に老廃物が溜まりやすい体質
赤色　　　個	リンゴ型 下半身は細めなのに上半身が太めタイプ 上半身に老廃物が溜まりやすい体質

気になるむくみやお肉はどこですか？
細くなりたい場所をすべて書き込んでください。

やせ体質になれる秘訣は「毎日のちょっとだけ」の習慣を貯金のように積み重ねていくこと。

太りにくい体＝やせ体質を作るための3ステップ方式プログラム

①「ちょっとだけで整う習慣8か条」

②「のばすだけ楽ちん体操」

③「6つの足もみ基本ケア」

を、毎日歯を磨くのと同じように、毎日体を洗うのと同じように、毎日の生活に取り入れます。決して辛いことはしません。気持ち良いことを感じながら、ワクワク続けることがポイントだからです。

他にも、美BODYダイエットの効果を早く実感するためのポイントを左ページにまとめましたが、最後に大切なのは、ズバリ「あきらめない」ことです。ダイエットは成果や終わりが見えづらく、挫けそうになるかもしれません。そんな時に目安にしてほしいのが「年齢÷10」という数式です。私の経験上、体質の改善にかかる時間は「年齢÷10」ヶ月です。20代なら2ヶ月、40代なら4ヶ月、50代なら5ヶ月という具合です。まずは、この期間を目標に美BODYダイエットを続けていきましょう。

それでも心が折れそうになったときに支えてくれるのは、やせた自分へのワクワクやこのままじゃダメだ！という気持ちです。細くなった自分／太っていった自分をイメージしながら、P26〜27のワークを行いましょう。

美ボディダイエットの効果を早く実感できる人の習慣とは？

- [ ] あきらめない。
- [ ] ちょっとだけ８か条の３つ以上を毎日実践している。
- [ ] のばすだけ体操の２つ以上を毎日実践している。
- [ ] 足もみを毎日 10 分以上実践している。
- [ ] 熟睡できている。
- [ ] 毎日湯船に肩まで浸かっている。
- [ ] 規則正しい生活をしている。
- [ ] 細くなった自分をいつもイメージしている。
- [ ] 太ってから長期間経過していない。
（＊長い人は、「年齢 ÷10」ヶ月を２クール行ってください）
- [ ] 代謝が良い。
（＊体を温めるサポーター、食事、飲み物習慣を心がけている）

やせた自分のワクワクメリット

健康的に痩せたら
どんなメリットがあるかを
イメージしましょう。

memo

見た目の変化

あごのラインがすっきりする。
体が引き締まる。
周囲から「きれいになったね」と言われる。
他にもドンドン書き込んできましょう！

体調の変化

血の巡りが良くなり、むくみにくくなる。
肌の調子が良くなる。
体が軽く感じる。
他にもドンドン書き込んできましょう！

心の変化

自尊心が高まる
少しずつ痩せていく毎日が楽しみになる
活動的になる、人に会いたくなる
他にもドンドン書き込んできましょう！

目標が定まったら、即実践！

このままの体型 or 少しずつ太っていった時のデメリット

このまま太っていったら
どんなデメリットがあるかを
イメージしましょう。

memo

見た目の変化

お気に入りの洋服やブーツが入らなくなる。
おしゃれをしなくなる。
老け顔になる。

他にもドンドン書き込んできましょう！

体調の変化

汗をかきやすくなる。
血圧が上がる。
コレステロール値が上がり様々な病気が気になる。

他にもドンドン書き込んできましょう！

心の変化

太っていく自分に自信をなくす。
周りの人に「太ったね」と言われ傷つく。
人生諦めたような気分になる。

他にもドンドン書き込んできましょう！

デメリットが多いことに改めて気づいたら、即実践！

STEP 1

全身やせの効果をあげる！「ちょっとだけで整う習慣 8か条」

痩せながら体のラインがきれいになり健康にもなれるやせ体質の秘訣は、毎日のちょっとだけの習慣を積み重ねていくこと。私はこれまで身をもってそのことを実践し、体型を維持してきました。辛くないちょっとだけ習慣を毎日続け、定着させて、長期的なやせ癖をつけていきましょう。

1

姿勢が整う。

内臓下垂させない背骨矯正習慣　太らない姿勢

Point

壁にもたれる背筋ストレッチ

① かかと・お尻・両肩・頭を
壁に付けて立つ。
② 足先は、60°開く。（O脚・X脚）
③ 顎を引く。（首のコリ）
④ みぞおちを斜め45°上に向け、
肩をしっかり壁につける。（猫背）
⑤ 腰はそらせない。（腰痛）
⑥ 下腹部をへこませ丹田に力を込める。
（内臓下垂）
⑦ 下腹部に力を入れながら背筋を伸ばしていく。
（背骨矯正）
⑧ 上半身の力は抜く。
⑨ この状態を保ちながら歩く習慣をつける。

Point いつでもどこでも骨盤底筋トレ

① 足を肩幅に開く。
② 股関節と腰の力を抜いて、お尻の穴を地面に向けて（ヨガの座位のイメージ）腰を落とす。膝に力を入れず自然に膝が曲がるように
③ 下腹部を軽く凹ませる。
④ お尻の穴と膣を締める。おしっこを途中で止めるときの感覚で 股関節や脚に力が入らないようにする。
⑤ 息を吸いながら天井から肛門と膣がグングン引っ張り上げられるイメージで７秒間キープして息を止める。
⑥ 膣と肛門を締めたまま息を吐く。（下腹部を凹ませるようにするとやりやすい）
⑦ ３回繰り返す。最後は肛門と膣に蓋をするように締める。

2

お尻の穴＋膣が整う。

骨盤底筋を引き締める自律神経調整習慣
ぽっこりお腹改善＋ヒップアップ＋尿もれ防止

歩いているとき、座っているとき、寝ているときなど、いつの間にか姿勢グセが身についています。猫背は背中に、反り腰は腰回りにお肉がつきやすい体質になります。1日に1回は壁を背に立ち、姿勢を整える習慣をつけ、一生太らない姿勢を保ちましょう。

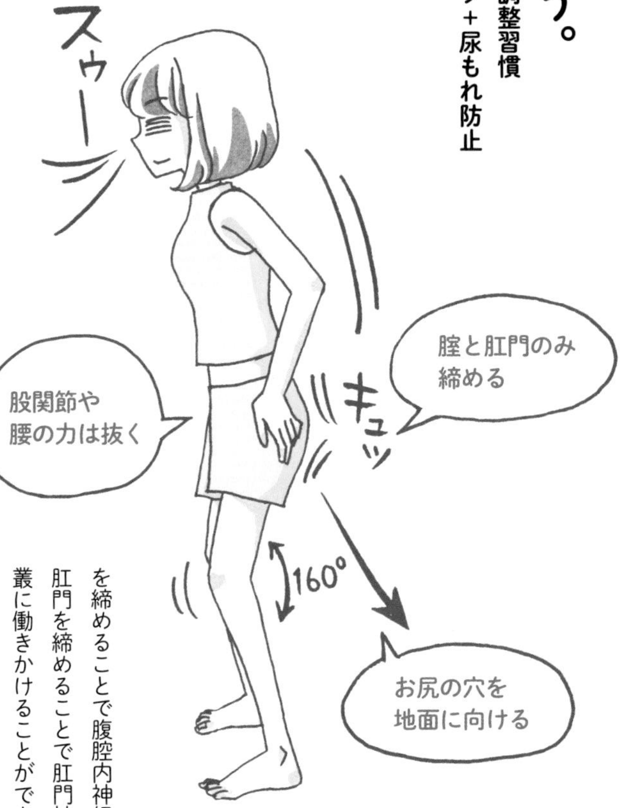

骨盤底筋が緩むとボディラインが崩れ、お尻が垂れ、ぽっこりお腹の要因となり、脂肪がつきやすい体質になります。膣を締めることで腹腔内神経叢、肛門を締めることで肛門神経叢に働きかけることができるので、骨盤内の自律神経が調整され、骨盤底筋の強化に繋がります。尿もれや臓器脱も改善できます。

スゥー
膣と肛門のみ締める
キュッ
股関節や腰の力は抜く
160°
お尻の穴を地面に向ける

3

お腹が整う。

骨盤を立ててお腹を凹ませる習慣。やせる＋腰痛改善

骨盤が前に傾くと、反り腰になり、みぞおちから下のお腹全体・太ももの前側にお肉がついてきます。後ろに傾くと、猫背になりお尻が垂れて、下腹部が出てきます。

反り腰は腰痛、猫背は肩こりが起こりやすい体質になります。骨盤を立てて腹筋呼吸法を行うことで痩せやすく太りにくい体を作ります。

Point

① 足を肩幅に開く。
② お尻の穴が地面に向くように膝を曲げて腰を落とす。
③ 鼻から息を吸いながら、
下腹部からみぞおち下（胃のあたり）まで、
お腹全体を思い切りふくらませる。
④ いっぱいに膨らんだところで、７秒息を止める。
⑤ ゆっくり息を吐きながら、お腹を凹ませていく。
⑥ 背筋がどんどん伸びていくイメージ＋恥骨からみぞおちまで
腹部をアイロンで縦に伸ばしていくイメージをしながら、
これ以上凹ませられないところで吐ききる。
⑦ 上半身の力を抜く。

4

呼吸が整う。

7秒×3（1分間に3回行う呼吸法）
α波を増やしながら痩せる習慣

Point　鼻だけでする「逆」腹式呼吸法

① 鼻から息を７秒かけて吸う。
（いきなり７秒も吸えない方が多いと思いますので、吸える範囲で OK）
② 吸いながらどんどんお腹全体を凹ませる。
③ 背骨矯正をしながら背筋をグングン伸ばして行くイメージ
＋お腹を縦にアイロンで伸ばして行くイメージ。
④ これ以上吸えないところで、息を７秒間止めます。（３億個あると言われる肺胞の隅々まで酸素を行き渡らせるイメージで）
⑤ 鼻からゆっくり７秒かけて息を吐いていきます。
⑥ 肩の力を抜き中丹田（胃のあたり）を膨らませながら下腹部（丹田）に力を入れる。
⑦ 上半身は脱力
（力を抜いた状態）
下半身に
「気」を置く。

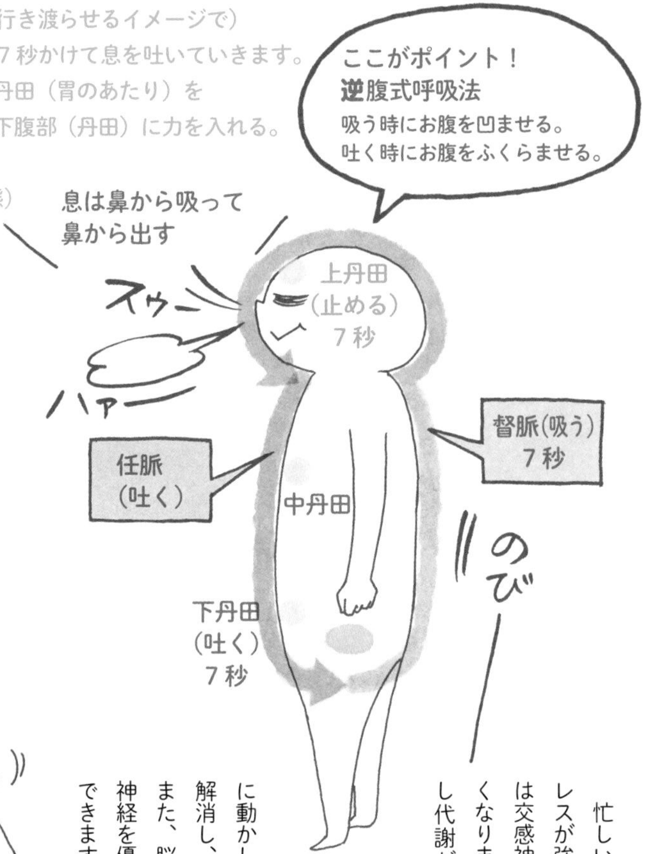

膣から、正中線である督脈（背中側）を通って、上丹田（脳）で息を止める。ゆっくり鼻から息を吐きながら任脈（お腹側）を通って、中丹田（胃のあたり）に力を入れ下丹田（下腹部）に気を置く。

忙しい毎日を送っていたり、ストレスが強くなってくると、私達の体は交感神経が優位になり、呼吸は浅くなります。そうすると血流が低下し代謝が落ち、太りやすい体質になっていきます。

７秒呼吸法は、血流やリンパの流れを促進させ、脂肪や老廃物をスムーズに動かし、血液を浄化し、むくみを解消し、痩せやすい体を作ります。また、脳内にα波を増やして副交感神経を優位にし、心を整えることができます。

5

心が整う。

潜在意識を利用するあきらめない習慣。どうなりたいかを意識化させて太らない目標を枕元に置く

痩せたくてダイエットに挑戦したが続かない。ダイエットには成功したがすぐリバウンドしてしまった経験がある、という方は多いかもしれません。そこで、焦らず、諦めず、コツコツ貯金をするように続けていくための目標を設定しましょう。美ボディだけではなく、健康も手に入るという一石二鳥が実現します。

Point

① 見たくない自分の姿を鏡で見つめる。現実を受け入れる。
② どの部分を細くしたいかを書き出す。
③ 目標を設定する。例えば１ヶ月１キロ減量し、５キロ減を目指す。ウエストと二の腕を細くするなど。
④ 絶対に「あきらめない」という強い信念を持つ。
⑤ 本当に痩せるのか？と不安になったら、足を揉んで吹き飛ばす。
⑥ 書き込んだ目標（p23 で書き込んだものも一緒にまとめる）を枕元に置き、寝る前と朝、ボーッとしながらでもいいので読む習慣をつける。

6

筋力が整う。

20分ウォーキング習慣。太陽の光がセロトニン幸せホルモンを増やす！

体力や筋力が低下すると、基礎代謝が落ち、太りやすい体質になります。おうち時間が長い、車通勤やデスクワークで歩くことが少ない人は、20分ウォーキングを取り入れましょう。脂肪燃焼効果が期待できる20分を目安に毎日、もしくは週に3、4回行ってください。体力筋力がアップすれば、基礎代謝があがり、痩せやすい体を作れます。また、光を浴びる習慣が、セロトニンを増やし、ストレスホルモンを撃退し太りにくい体を作ってくれます。

Point

① 姿勢を整えてください。かかと、おしり、肩、頭と下からまっすぐに詰みあげていきます。（姿勢が整う。を参照）

② 体力に自信がない方は、10分から始めます。（「気持ちが良い」が基本）

③ 慣れてきたら20分にしてください。

④ 無理をして時間を伸ばす必要はありません。

⑤ 足もみをしていれば、疲労物質（乳酸・尿酸）は速やかに排泄されるので、より良い筋肉がつくられます。

7

食事が整う。

腸の大掃除！習慣
腸の掃除ができる食品を取り入れる。

食事制限はしません。栄養バランスよく食べ、今までの食事量より増えないように気をつけてください。ただし、より痩せやすく、太りにくい体を作るため、食物繊維を多めに取り入れます。腹持ちの良い水溶性食物繊維と大腸の大掃除をしてくれる不溶性食物繊維を積極的に取り入れましょう。

Point

① 空腹を感じにくくする（腹持ちが良い）
水溶性食物繊維
こんにゃく・海藻類・キャベツ・大根・
にんにく・りんご・プルーン・
らっきょう・青汁

② 大腸の大掃除のための不溶性食物繊維
しそ・パセリ・ニラ・きのこ類・ごぼう・
切り干し大根・ナッツ類・干し柿・里芋・干し芋

③ 最強！ 水溶性＋不溶性食物繊維の
両方が多く含まれている食べ物
大麦・豆類（大豆、いんげん豆、小豆・えんどう豆）・
ネバネバ食品（オクラ・納豆・モロヘイヤ）
梅干し・アボカド・
青のり・寒天

8

間食が整う。

脂肪の燃焼がはじまるサインを楽しむ習慣。ダイエットを始めたからといって、食べすぎないこと。

朝・昼・晩の食事においては「お腹が空いた事を感じてから食べる」が正解。ですが、間食においての、お腹がすく感覚というのは、癖になっているか、寂しさを紛らわすため、ストレス発散のために、食べることで心を落ち着かせていることが多いのです。大切なのは食べない時間を作ること。「何かを食べたくなる」この瞬間が、「脂肪の燃焼が始まったサイン」であることを意識して、ワクワクしながら間食を控えましょう。

Point

食べたくなったとき、誘惑を乗り越える方法ベスト6

① 白湯またはお茶（毒出し効果があるハトムギ茶・ごぼう茶がおすすめ）を飲む。

② ノンシュガーコーヒー・ココア・紅茶を飲む（各１日３杯まで）。

③ 漢方薬としても用いられる冷えとむくみをとりながら腹持ちを良くするダイエット効果を発揮するスーパーフード「セイロンシナモン＊注１」を「１日小さじ１杯」食事に取り入れる。

＊注１「カシア」ではなく「セイロン」を選んで下さい。

④ カカオ豆70%以上のダークチョコレートを食べる。

⑤ 歯を磨く。

⑥ お腹が空いたら、「今脂肪の燃焼がはじまった！」と楽しみながら深呼吸する。

足もみと並行して行うと効果アップ！

のばすだけ楽ちん体操

体のラインをキレイにスッキリさせる体操です。やったらやった分だけ効果が加速します。好きな体操を2つ選んで、毎日の習慣にして、魅力的なラインを手に入れてください。写真に記した伸びポイントを意識することで、更なる効果が期待できます！

寝ながらできる体操

股関節を緩めて痩せやすい体を作る！腰痛改善！

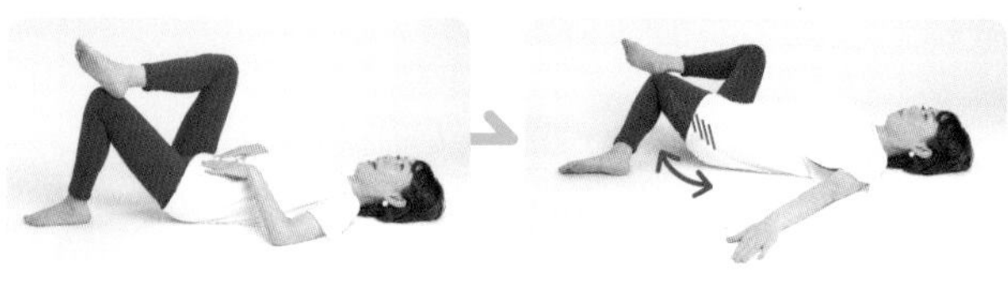

寝る→ 左の膝を立てる→
右足かかとを膝の上に置く

そのまま右に倒す→
気持ちの良いところで７秒止める

● 太もも横から股関節外側・横尻をアイロンで伸ばしていくイメージ
● 右足も同様に。各３セット。

2 太ももを細くしてキレイなラインを作る！

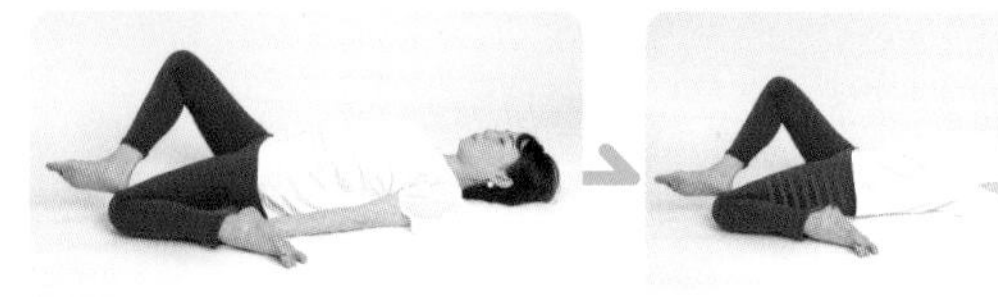

寝る→ 左の膝を曲げて折りたたむ
→ 右足かかとを膝の上に置く

両手を頭の上に伸ばす→
右のかかとで左膝上あたりを押さえる
→ 気持ちの良いところで７秒止める

● 太もも全面をアイロンで伸ばしていくイメージ
● 右足も同様に。各３セット。

3 ウエスト・腰まわり痩せ・横尻のお肉をスッキリさせる

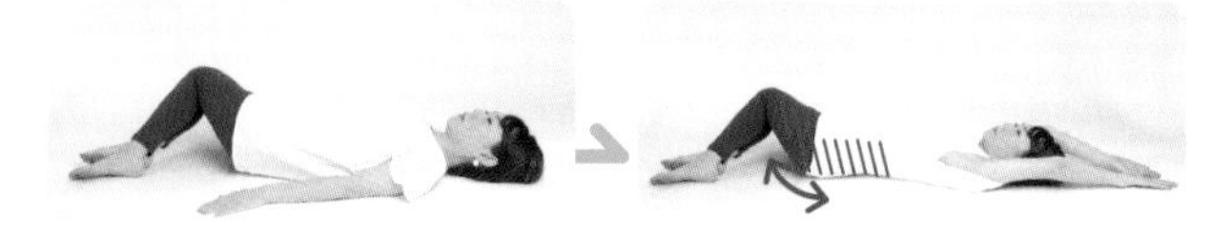

寝る→両膝を立てる→
そのまま右に倒す

両手を頭の上に伸ばす→
気持ちの良い所で７秒止める

● 太もも横・股関節・横尻・ウエストサイドをアイロンで伸ばしていくイメージ ● 左側も行う。各３セット

壁を使ってできる体操

1 ブラのハミ肉をとる！ 肩こり改善！

壁に向かう→足は肩幅に→肛門が地面に向くように腰を落とす

両手を伸ばす→右手をより上に伸ばしていく

左手をさらに上に伸ばす→気持ちの良い所で７秒止める。

● 左脇と二の腕ををアイロンで伸ばしていくイメージ
● 右脇も同様に。各３セット。

2 くびれを作る！ 腰痛改善！

右肩を壁につける→右腕を伸ばす→足を肩幅に開く→右膝を曲げる（左は伸ばしたまま）→右腰をピッタリ壁につける→右手の中指を見つめる

そのまま視線を左手の中指に下ろしていく→右脇腹が気持ちよく伸びる所で良い所で７秒止める

● 脇・ウエスト・横尻をアイロンで伸ばしていくイメージ ● 左も行う、各３セット

3 肩甲骨をゆるめて背中のお肉をとる！ 猫背改善！

壁に背を向ける→足を肩幅に→肛門を地面に向けるように腰を落とす→両手を頭の上に置く→腰がそらないように骨盤を壁につけて安定させる

肩と肘を壁にくっつける→気持ちの良い所で７秒止める→息を吐きながらさらに肩とひじと肩甲骨を壁にくっつけていく

● 肩＋ひじ＋肩甲骨を壁にピッタリと押しつけて伸ばしていくイメージ ● 各３セット

立ったままできる体操

1 膝小僧のたるみをとる

● 無理せず気持ちの良いところまで落とす
● 1日間隔を開けて3セット

足を肩幅に→肛門を地面に向けるように腰を落とす→重心を足の内側にかける（親指側）→肛門と膣を締める

膝が前に倒れないようにしてお尻を落とす→気持ちの良い所で止める→10回繰り返す

2 内ももやせとヒップアップ

足はできるだけ大きく開く→重心は足の内側（親指側）にかける→そのまま腰を下ろしていく（膝が前に行かないように）

気持ちの良い所で止める→左足に体重を移動させながら、右足を伸ばす→伸び切った所で7秒止める

● 太ももの内側から後ろ側＋お尻の付け根をアイロンで伸ばしていくイメージ＋伸びていることを意識すること。
● 左右に行う　各3セット

3 アキレス腱＋ふくらはぎ＋ひざ裏を伸ばして引き締める

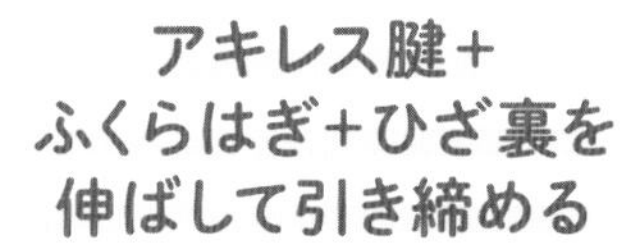

拳分の幅で立つ→右足を前に、左足を後ろに→右足つま先に重心を置く→膝が前に倒れないように

左足の踵で地面を押すように伸ばしていく→体が倒れないように目線はまっすぐ前を見る→気持ちの良い所で7秒止める

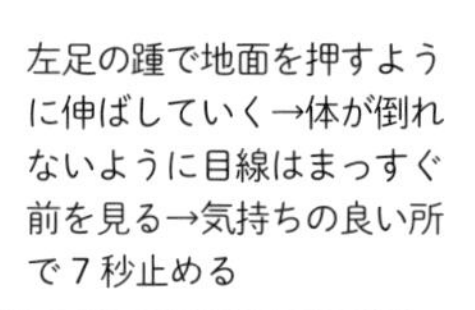

● アキレス腱＋ふくらはぎ＋ひざ裏をアイロンで伸ばしていくイメージ＋伸びていることを意識すること。
● 右も行う、各3セット

第 2 章

足もみ!
美 BODY プログラム

やせ体質への最終ステップは、全身につながる反射区とツボを「押す＋流す」です。“全身美 BODY プログラム”をおおいに発揮させるための６つの足もみの基本ケア（STEP 3）を解説します。

次に、各お悩みパーツ別に、より即効性を出すもみ方をご紹介していきます。実は、反射区やツボは、足だけではなく手や顔にもあります。あなただけの最強の専用プログラムを作ってください。

押すだけ 流すだけ この2つが足もみダイエットの肝！

足もみの基本は2つ。押すこと、流すこと。ツボ、反射区をピンポイントで刺激する「プッシュ（押す）」と老廃物を広範囲に刺激する「スライド（流す）」です。プッシュで老廃物を砕きほぐし、その老廃物をスライドして移動させ排泄させるイメージを持ちながら行いましょう。

（押す）プッシュ

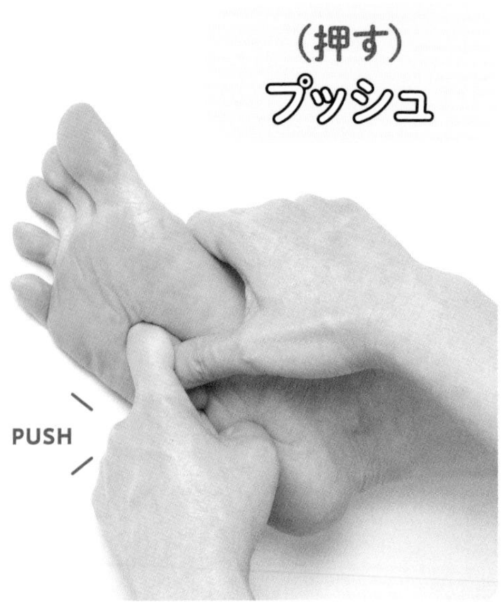

一定の力（安定圧）をかけて深く響かせるように押すこと。細かく押す場合もあるが、3秒間が基本。イタ気持ちいい刺激を与えることで、副交感神経が優位になり、リラックス効果を高める。

（流す）スライド

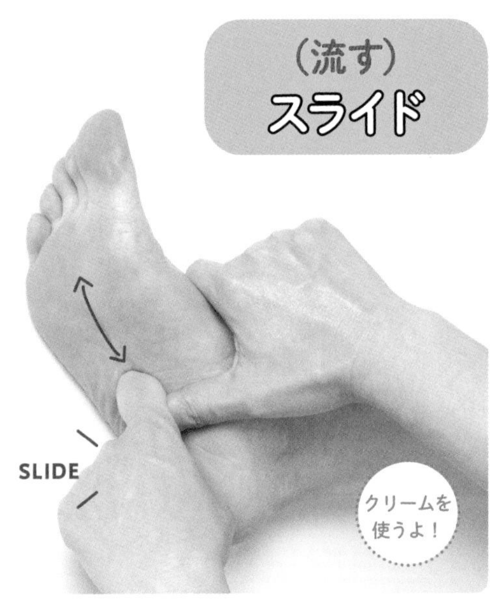

安定圧を加えたまま、刺激したい範囲を流すこと。老廃物を流すことが目的。圧を安定させながら動かすために、ボディクリームを使用すること。色素沈着の予防にも。

プッシュとスライド、どの指で押す？

プッシュもスライドも、どの指を使うかによって
刺激の強さ、刺激の範囲が異なります。

プッシュ

2本指

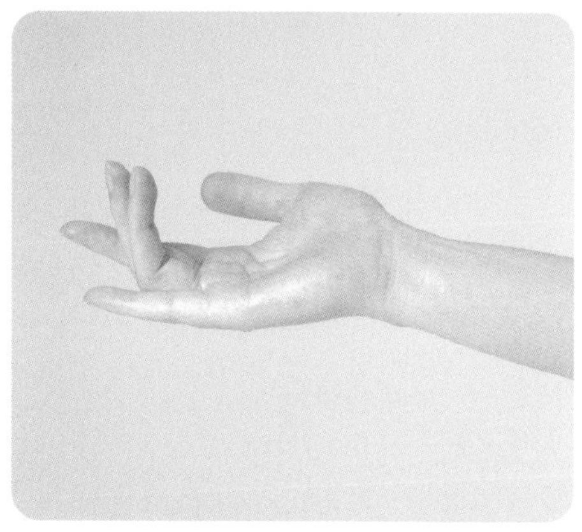

中指と薬指の腹を使う方法。太もも裏やひざ裏など、主に脚の後ろ側をもむ時に使う。

鋭角（深め）

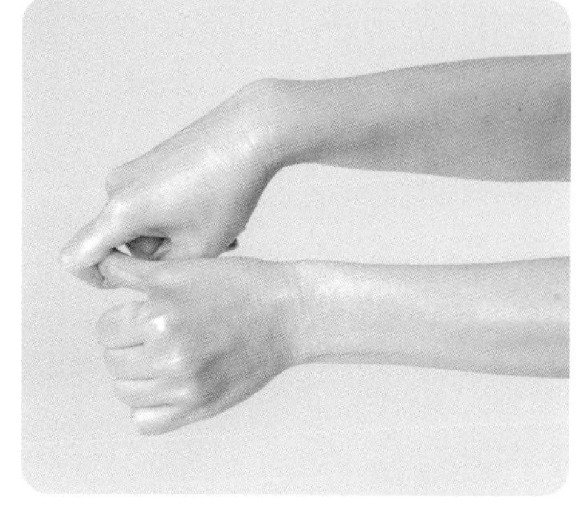

基本の鋭角をつくり、もう片方の手の親指で関節の裏を押す。深く刺激することができる。

スライド

親指

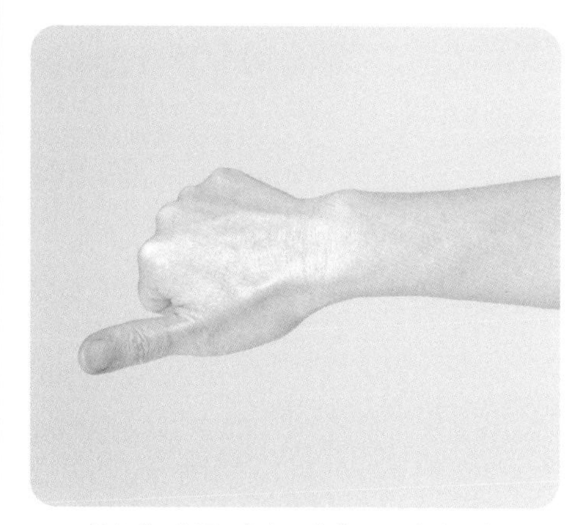

初心者でも行いやすいポピュラーなもみ方。鋭角よりもソフトな刺激が特徴。

鋭角（基本）

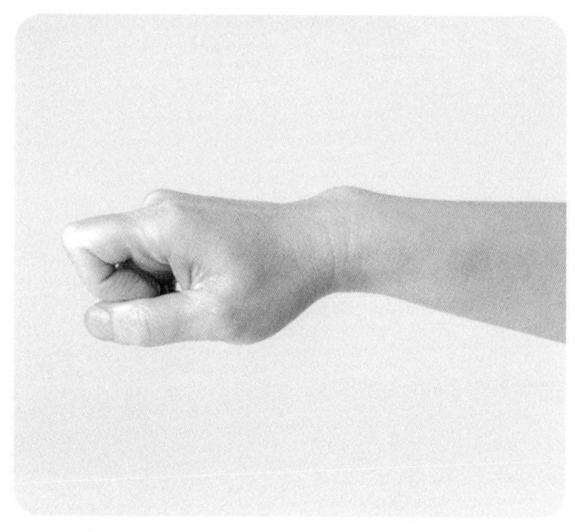

人さし指を曲げて、突起した関節部分を使う。腕力がない女性でも、効率的に刺激できる。

「手で足を揉む」
これが一番効果があります。

・痛いところはあるか
・むくんでハリがあるところはあるか
・冷たくなっているところはあるか

「機能低下している場所」を判断できるからです。

誰かに手を握りしめてもらっただけで、安心できた経験はないでしょうか。
古来より「手当て」という言葉があるように、手には身体を癒す力があると考えられています。
手のぬくもりによって、私達は癒やされ、心と身体は回復に向かいます。
とはいえ、毎日足もみを続けていると、手や指が痛くなって、続けられなくなってしまう人が多くいます。

そんなときは棒やカッサを利用してください。
①手で硬いところ、痛いところを確認する。
②棒やカッサを使って「押す＋こする＋流す」の流れで、皮膚や細胞組織、血管を傷めないように、丁寧に優しくケアを行います。

水を使わない天然100％オイル

ボディクリーム

クリームを使うと、より少ない力で反射区やツボを深く押すことができ、流す技術もスムーズにできるので、即効性が出やすくなります。また、摩擦により皮膚を傷めたり、黒ずみの防止にも役立ちます。

以下で「足健棒」をご紹介しています。
https://sokukendou.theshop.jp

もみもみくん（足健道オリジナル足もみ棒）

毎日続けるための「棒選び」の５つのポイント

・持ちやすいこと
・体重をかけて揉めるもの
・反射区やツボに入れやすいもの
・皮膚・細胞組織が破壊されてしまうような痛さがなく、
　老廃物を押し流せるもの
・ふくらはぎ・太もも・お尻・手・肩・頭など、全身を揉めるもの

STEP 3

毎日たったの10分！これだけ！6つの足もみ基本ケア

1 足首をまわす。

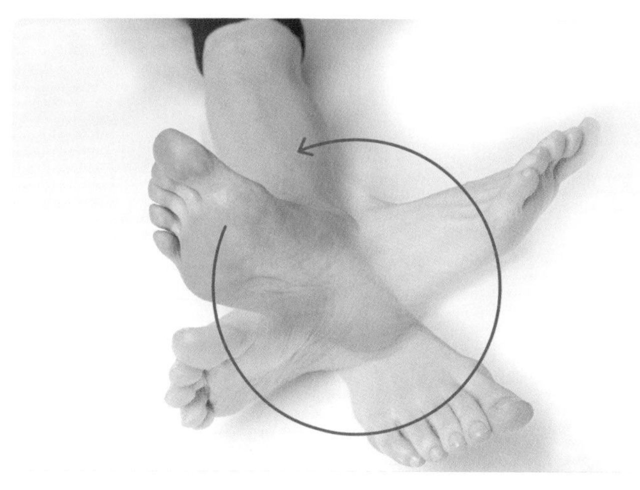

停滞している下半身の血流を一気に動かす秘技。ふくらはぎとかかとを床につけ、床から離さないように左回し５回。右回し（時計回り）５回。親指の先で大きな丸を書くように、できる限り大きく回すのが効果アップのコツ。

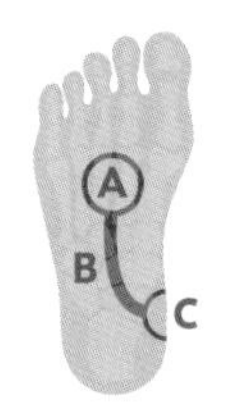

2 毒素の排泄力を高める。

Ⓐ 腎臓の反射区

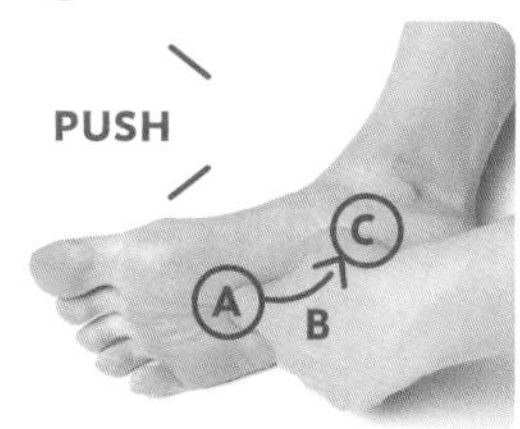

広範囲をしごき、鋭角プッシュで安定圧

Ⓐを、人さし指を鋭角にして上下にしごく。痛いところ、じゃりじゃりするところを見つけて、イタ気持ちいいと感じるところまで深く響かせるように押し、３秒間安定圧をかける。

Ⓑ 輸尿管の反射区

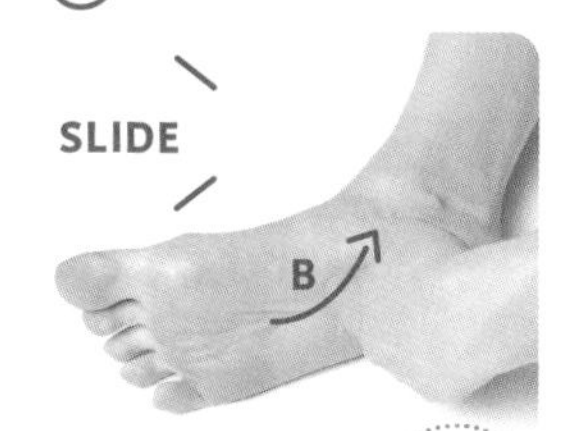

鋭角スライドで流す

クリームを使うよ！

腎臓と膀胱を斜めにつなぐラインである輸尿管の反射区Ⓑを、人さし指の鋭角で、安定圧をかけながら流す。膀胱の反射区に向けて、一方向で老廃物を押しながす。

Ⓒ 膀胱の反射区

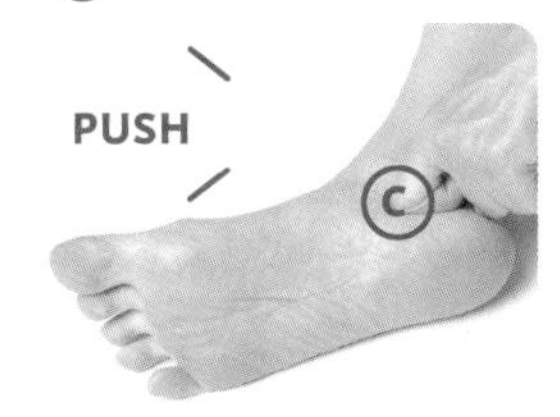

広範囲の鋭角プッシュで３秒圧

Ⓒを、人さし指の鋭角で、イタ気持ちいいと感じるところまで深く響かせるように押し、３秒間安定圧をかける。２ヶ所入れる。

老廃物を押し出す。

尿道の反射区

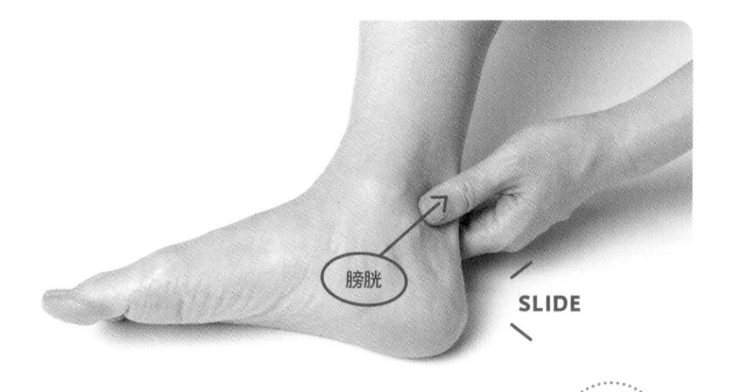

クリームを
使うよ！

親指スライド

膀胱の反射区からつながるくるぶしの下からアキレス腱に向かって、チューブを絞り出すように老廃物を押し出し親指の腹をすべらせる。2、3回繰り返す。

4 排便力を高める「腸の大掃除」

左足の大腸反射区
横行結腸・下行結腸・S状結腸・直腸・肛門

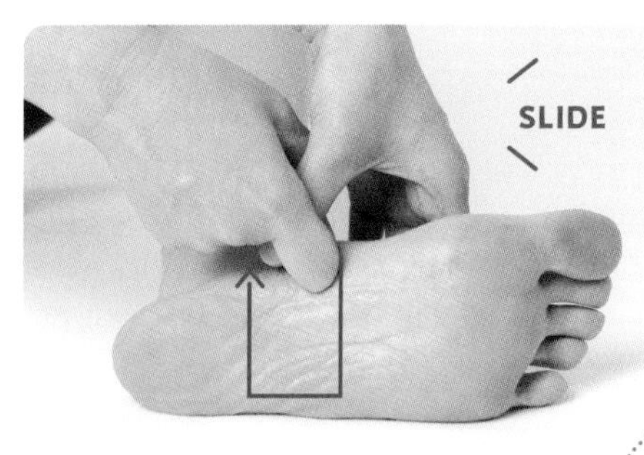

右足の大腸反射区
虫垂・回盲弁・上行結腸・横行結腸

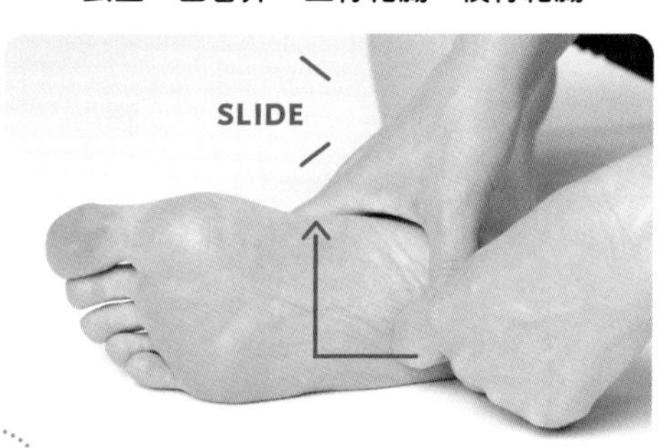

クリームを
使うよ！

鋭角でスライド

左右で異なる。鋭角（深め）で、チューブを絞り出すように老廃物を押し流してしごいていく。

5

第2の心臓。ふくらはぎをもむ。

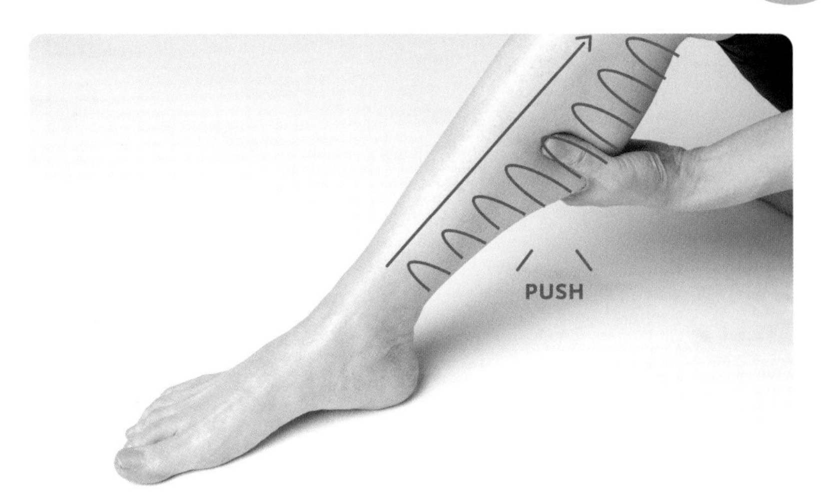

血液を心臓に戻す働きを強化させ、代謝を上げる。ふくらはぎが硬いままだと効果が出にくいので、強めに筋肉をつまみ、押しつぶすように揉んで柔らかくする。硬いところを見つけたら特に念入りにもむと効果がアップする。

6

より早く老廃物を体から追い出す「ひざ裏トントン」

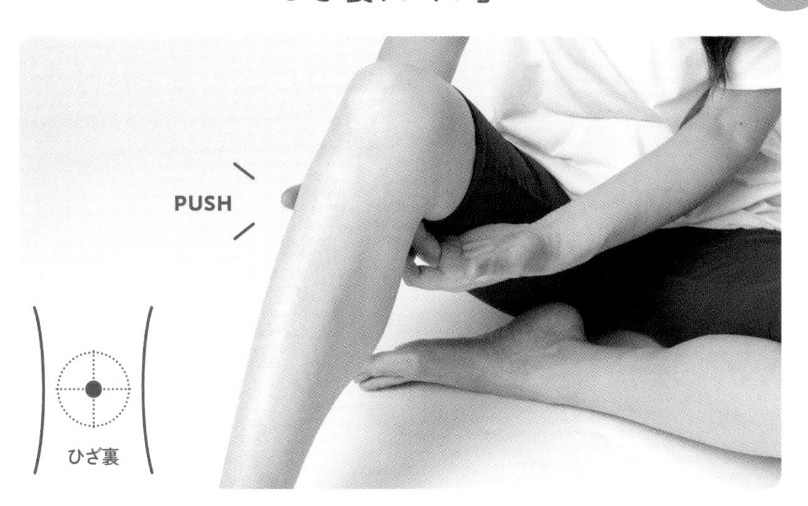

ひざ裏には、むくみや冷えを取るツボ、一気に老廃物を排泄させ免疫力をアップさせるてくれる膝窩リンパ節、姿勢をコントロールする膝窩筋があります。両手の2指3指の腹でトントンと10回刺激します(注　グリグリしないこと)。

より高い効果を実感するために施術(ケア)の前後に守って欲しい5つのこと

ケア前に体の状態を記録する 1

足もみ美 BODY ダイエットを始める前に、チェックシートに今の体の状態を記録しておきましょう。写真を撮っておくのもおすすめです。変化を確認することができれば、モチベーションもアップします。

	スタート (月 日)	__ヶ月後 (月 日)	__ヶ月後 (月 日)
首まわり	cm	cm	cm
アンダーバスト	cm	cm	cm
トップバスト	cm	cm	cm
二の腕	右 cm 左 cm	右 cm 左 cm	右 cm 左 cm
ウエスト	cm	cm	cm
ヒップ	cm	cm	cm
腰まわり	cm	cm	cm
太もも	右 cm 左 cm	右 cm 左 cm	右 cm 左 cm
膝小僧	右 cm 左 cm	右 cm 左 cm	右 cm 左 cm
ふくらはぎ	右 cm 左 cm	右 cm 左 cm	右 cm 左 cm
足首	右 cm 左 cm	右 cm 左 cm	右 cm 左 cm

2

満腹の時はケアを避ける

食後は消化と吸収にエネルギーが使われるため、足もみ効果が半減。食後30分はあけましょう。

3

毎日ちょっとだけでもケアをする

美ボディを実現させるには、毎日コツコツちょっとだけ続ける習慣をつけることが重要です。どんなに忙しくてもP28「ちょっとだけで整う習慣の8か条」P36「のばすだけ楽ちん体操」P54「全身美BODYプログラム」の中から、やりやすいエクササイズを1日1回は実践しましょう。

4

イタ気持ちいい刺激でケアする

イタ過ぎる刺激は交感神経優位状態となり緊張状態をつくります。「イタいけれども気持ちがいい」程よい刺激が効果アップの秘訣です。

5

ケアのあとに白湯を飲む

足もみ後は、コップ1杯分の白湯を飲みましょう。動き出した老廃物を体外にいち早く排出させるためです。

足もみを成功させるために知っておきたい反射区&ツボマップ

足の甲

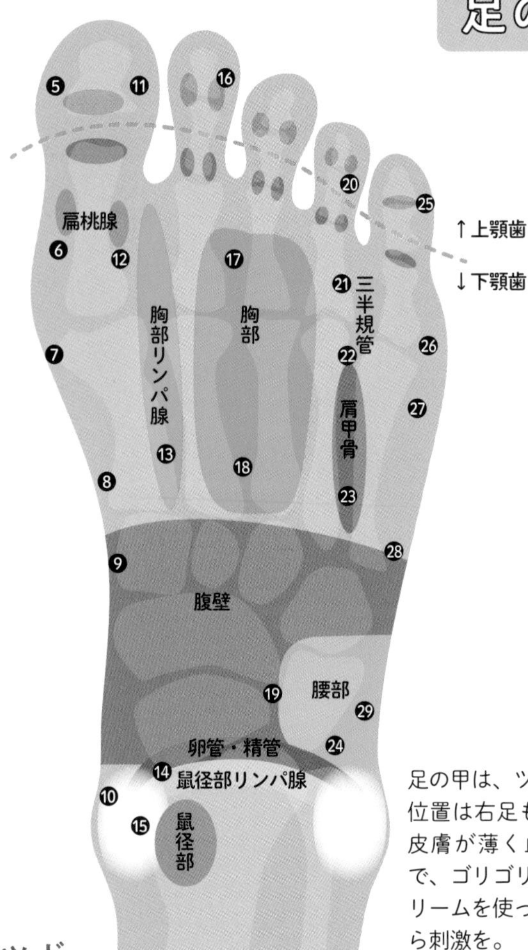

足の甲は、ツボと反射区の位置は右足も左足も同じ。皮膚が薄く血管も多いので、ゴリゴリ押さないでクリームを使って滑らせながら刺激を。

ツボ

❺	隠白（いんぱく）	ノイローゼ・精神不安
❻	大都（たいと）	お腹の不調
❼	太白（たいはく）	胃の不調
❽	公孫（こうそん）	消化不良
❾	然谷（ねんこく）	膀胱炎
❿	照海（しょうかい）	アレルギー
⓫	大敦（だいとん）	心臓機能
⓬	行間（こうかん）	気を落ち着ける
⓭	太衝（たいしょう）	肝臓機能
⓮	中封（ちゅうほう）	生殖機能
⓯	商丘（しょうきゅう）	関節炎・リウマチ
⓰	麗兌（れいだ）	顔面神経麻痺
⓱	内庭（ないてい）	食中毒
⓲	衝陽（しょうよう）	麻痺
⓳	解谿（かいけい）	関節炎
⓴	竅影（きょういん）	頭痛
㉑	侠谿（きょうけい）	めまい
㉒	地五会（ちごえ）	耳鳴り
㉓	臨泣（りんきゅう）	目の不調
㉔	丘墟（きゅうきょ）	腰痛・胆石
㉕	至陰（しいん）	逆子
㉖	通谷（つうこく）	頭痛
㉗	束骨（そっこつ）	めまい
㉘	京骨（けいこつ）	首痛
㉙	金門（きんもん）	腰痛

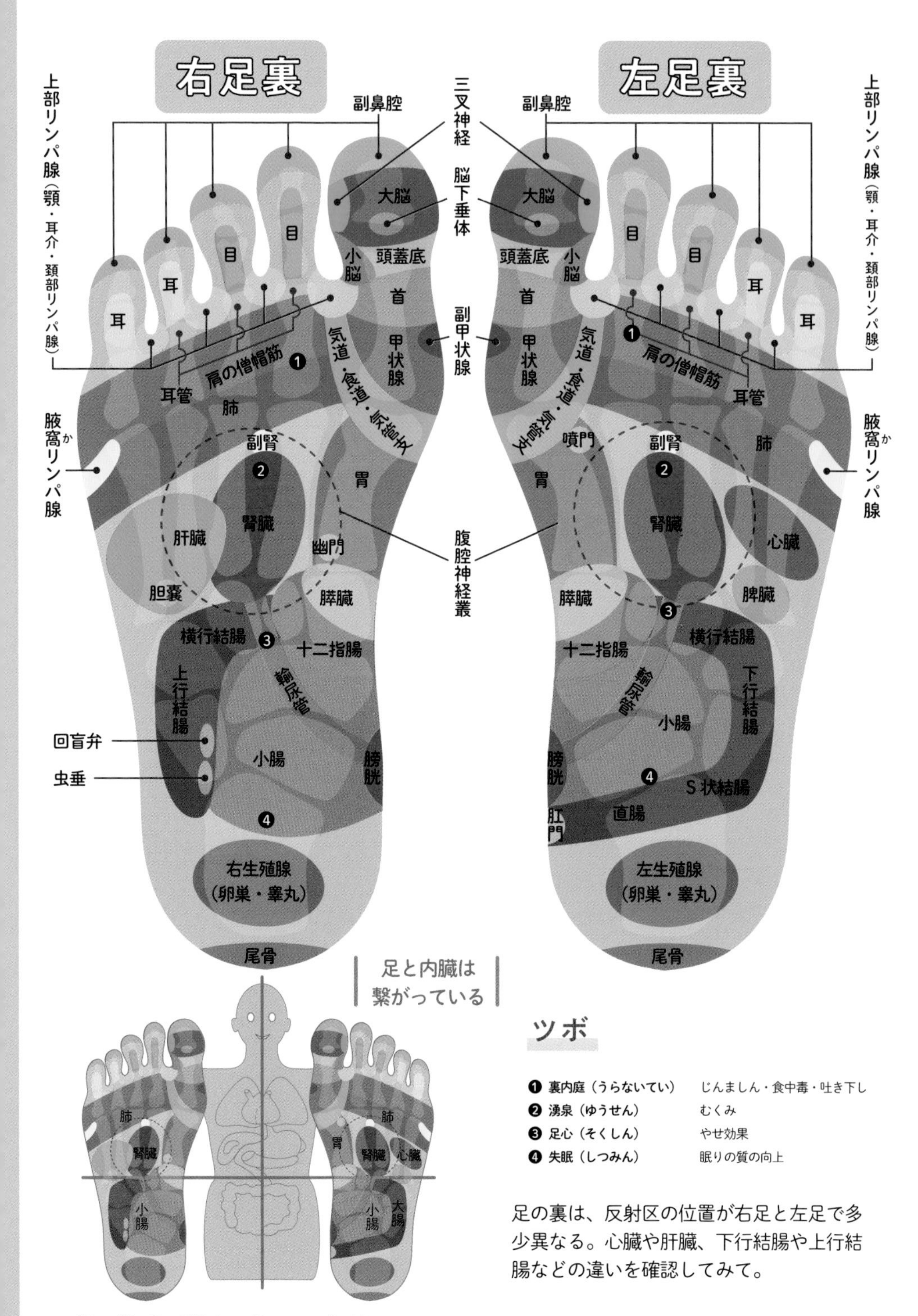

ツボ

❶ 裏内庭（うらないてい）　じんましん・食中毒・吐き下し
❷ 湧泉（ゆうせん）　むくみ
❸ 足心（そくしん）　やせ効果
❹ 失眠（しつみん）　眠りの質の向上

足の裏は、反射区の位置が右足と左足で多少異なる。心臓や肝臓、下行結腸や上行結腸などの違いを確認してみて。

足の内側

くるぶし付近は、ダイエットに関係するツボも多め。骨の際に老廃物が溜まっている人が多い。

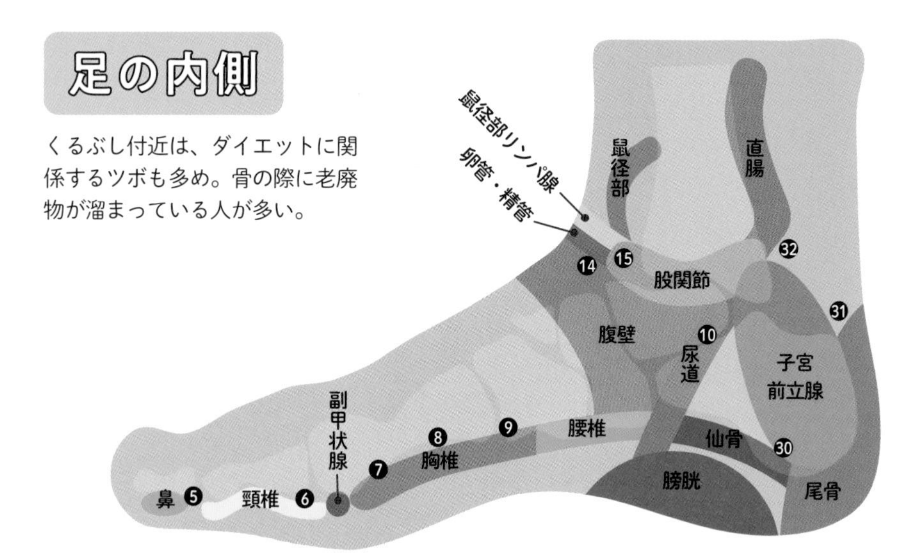

足の外側

身体が硬くて体勢を取るのが難しく、もみづらい場合はかっさ棒などを使うとGOOD。骨の際は、ゴリゴリ押さないでクリームを使い安定圧を心がけて。

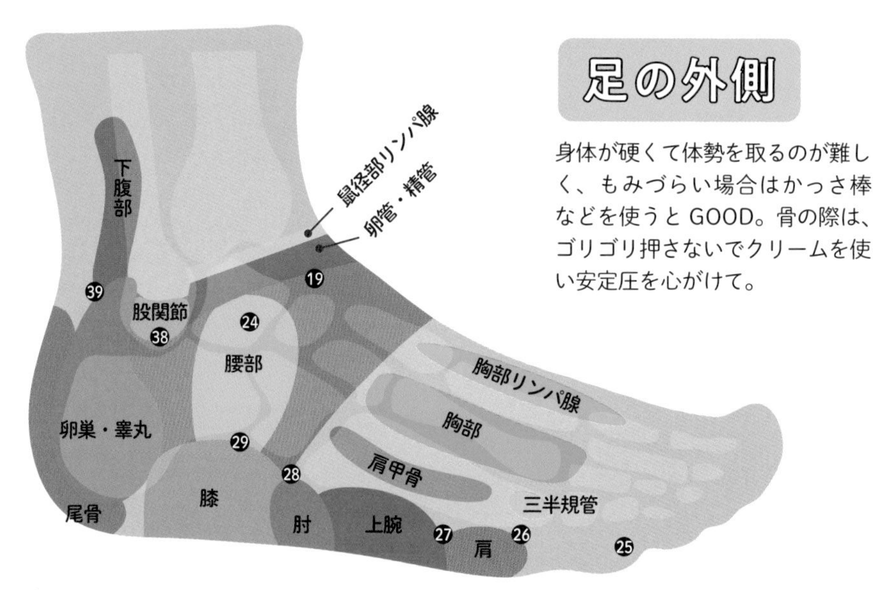

ツボ

- ❺ 隠白（いんぱく） ノイローゼ・精神不安
- ❻ 大都（たいと） お腹の不調
- ❼ 太白（たいはく） 胃の不調
- ❽ 公孫（こうそん） 消化不良
- ❾ 然谷（ねんこく） 膀胱炎
- ❿ 照海（しょうかい） アレルギー
- ⓮ 中封（ちゅうほう） 生殖機能
- ⓯ 商丘（しょうきゅう） 関節炎・リウマチ
- ⓳ 解谿（かいけい） 関節炎
- ㉔ 丘墟（きゅうきょ） 腰痛・胆石
- ㉕ 至陰（しいん） 逆子
- ㉖ 通谷（つうこく） 頭痛
- ㉗ 束骨（そっこつ） めまい
- ㉘ 京骨（けいこつ） 首痛
- ㉙ 金門（きんもん） 腰痛
- ㉚ 水泉（すいせん） 排尿障害
- ㉛ 大鐘（だいしょう） ホルモンバランス
- ㉜ 太谿（たいけい） 腎臓疾患
- ㊳ 申脈（しんみゃく） 不眠
- ㊴ 崑崙（こんろん） 高血圧

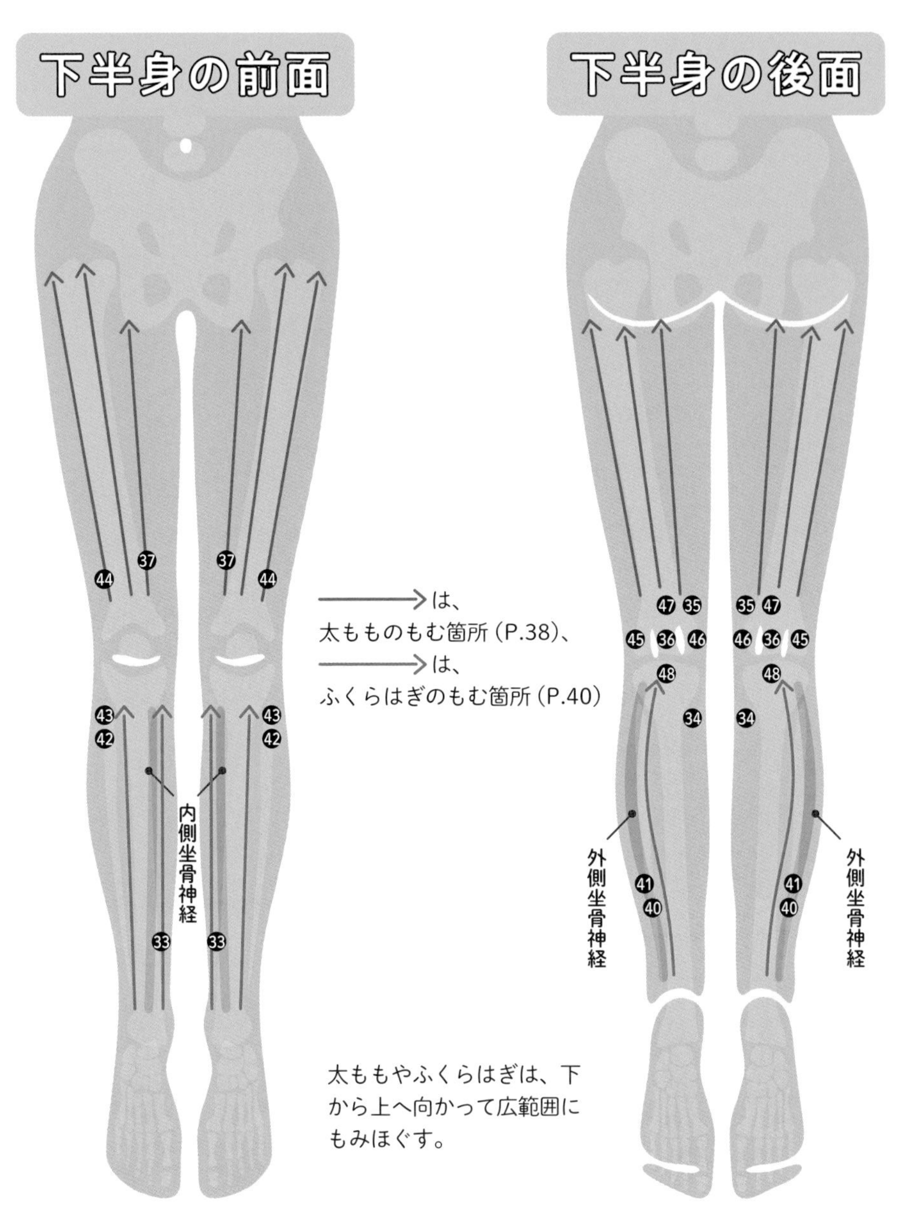

ツボ

- ㉝ 三陰交（さんいんこう） ホルモンバランス
- ㉞ 陰陵泉（いんりょうせん） 膝・腰痛
- ㉟ 曲泉（きょくせん） 膝の痛み
- ㊱ 委中（いちゅう） 腰痛
- ㊲ 血海（けっかい） 生理不順
- ㊵ 懸鐘（けんしょう） 麻痺
- ㊶ 陽輔（ようほ） 腰痛・膝痛
- ㊷ 三里（さんり） 胃の痛み
- ㊸ 陽陵泉（ようりょうせん） 痙攣・筋肉を緩める
- ㊹ 梁丘（りょうきゅう） 胃腸を正常にする
- ㊺ 委陽（いよう） 膝痛改善
- ㊻ 陰谷（いんこく） 生理不順、冷え性
- ㊼ 浮郄（ふげき） 便秘、膝関節炎
- ㊽ 合陽（ごうよう） 痔疾、坐骨神経痛

顔やせのための反射区&ツボマップ

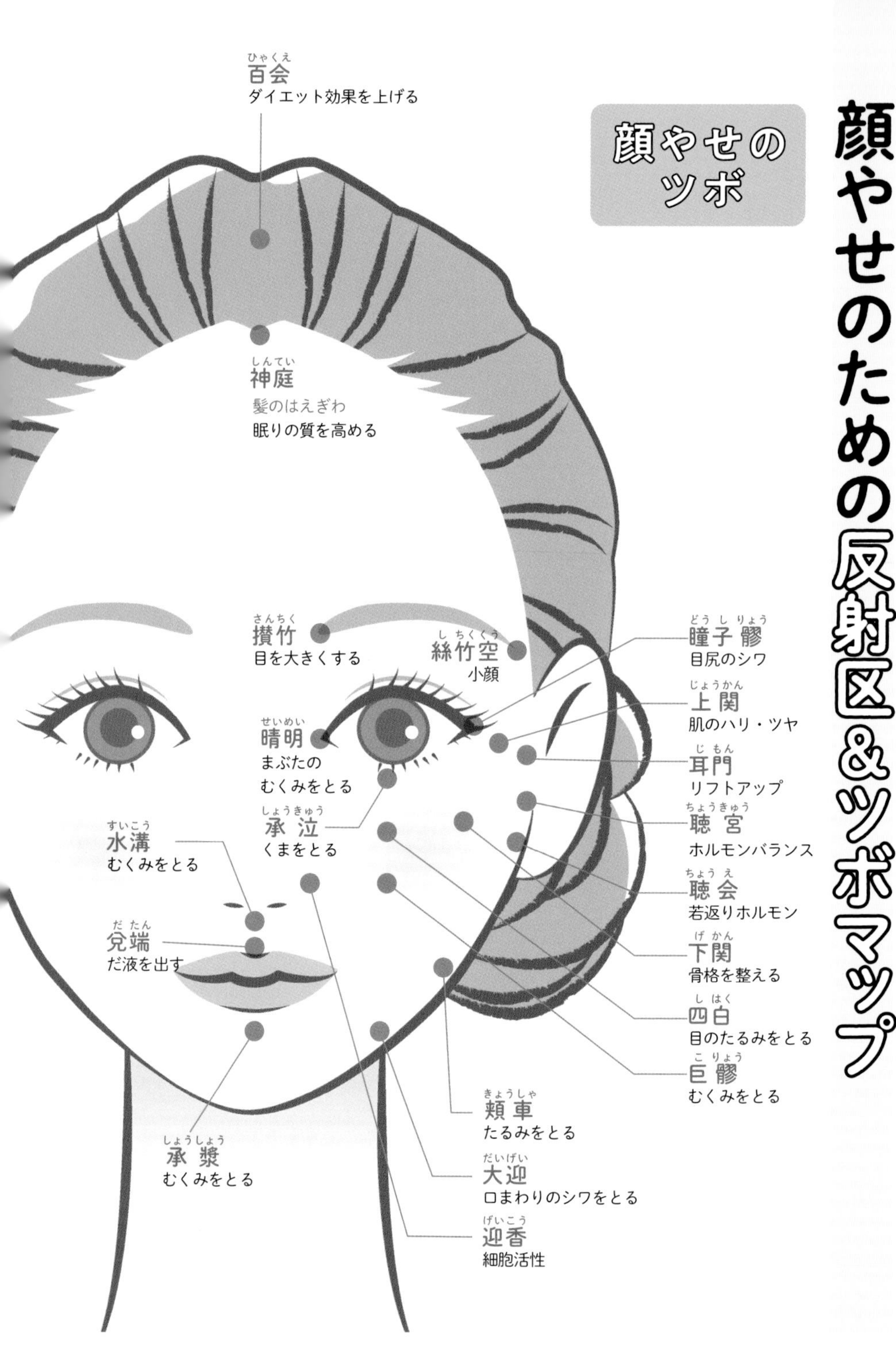

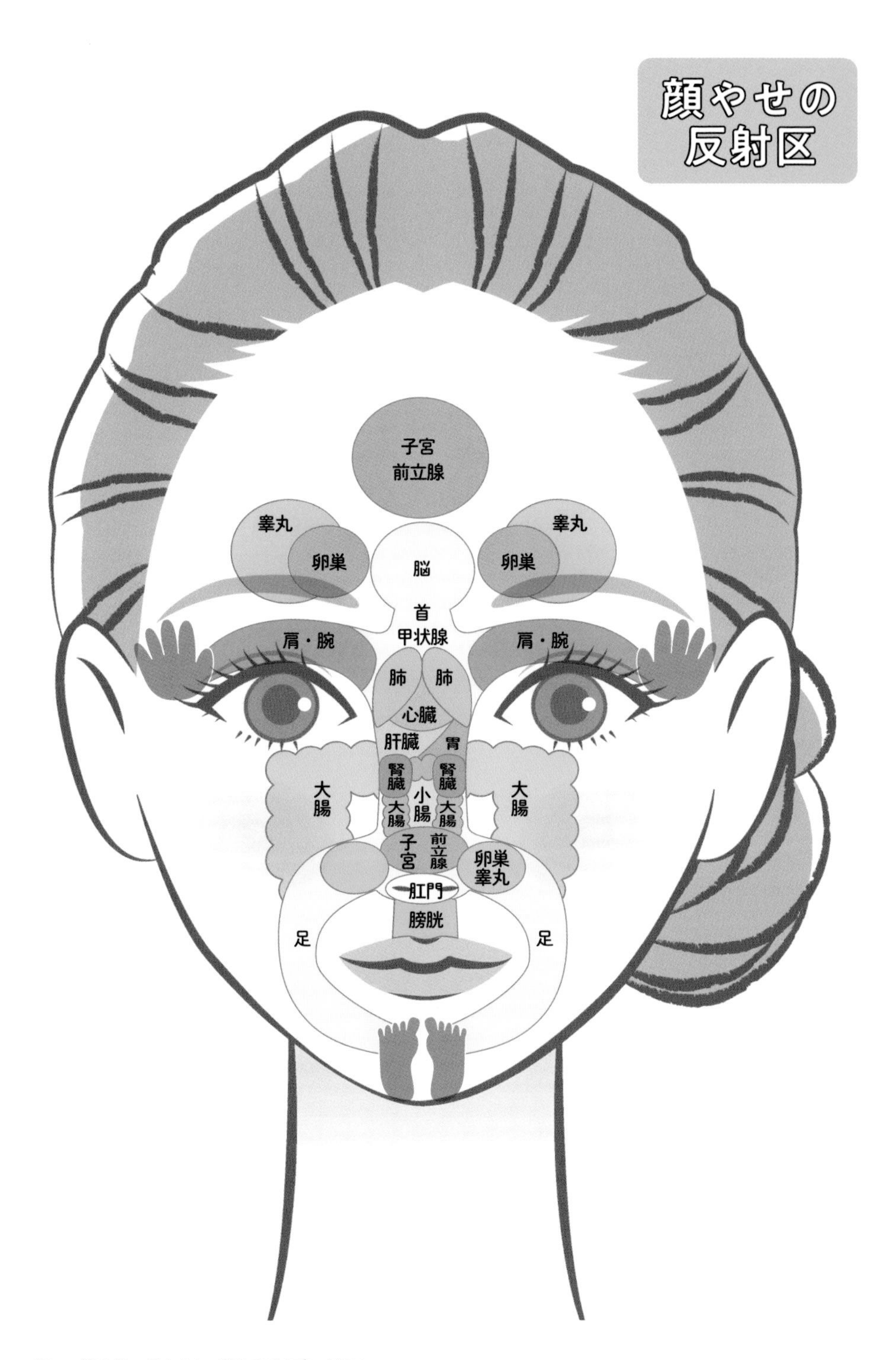
顔やせの
反射区
子宮
前立腺
睾丸
卵巣
脳
睾丸
卵巣
首
甲状腺
肩・腕
肩・腕
肺
肺
心臓
肝臓
胃
腎臓
腎臓
大腸
小腸
大腸
大腸
大腸
子宮
前立腺
卵巣
睾丸
肛門
膀胱
足
足

むくみを撃退！引き締まった小顔を作る！

二重あご

二重あごの正体は、むくみだということをご存知でしょうか？脂肪細胞間に溜まってしまった老廃物は、足もみでスッキリキレイに除去できます。顔全体のたるみが取れて引き締まるワクワクを実感できます。

湧泉（ゆうせん）のツボ

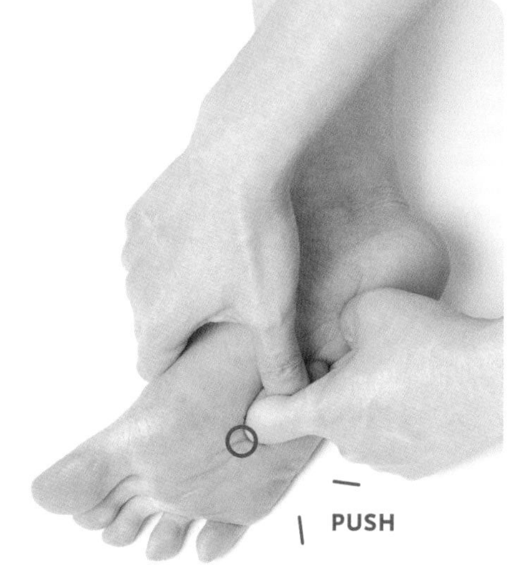

鋭角プッシュ

足でグーをした時に凹むところにある。鋭角（深め）で向こう側（足の甲）につき抜けるように深く響かせる安定圧を３秒間かける。

2

足心（そくしん）のツボ

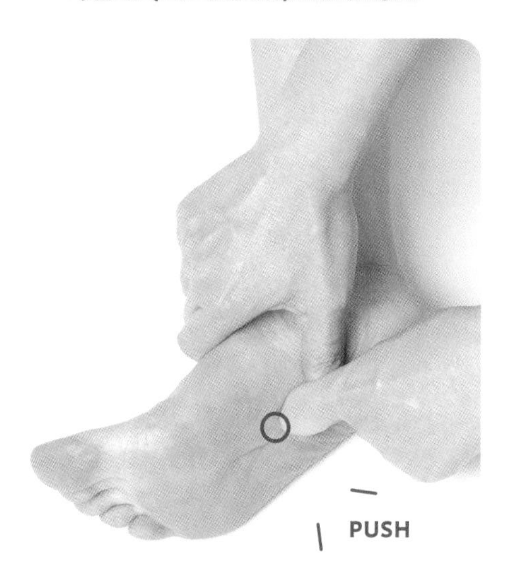

鋭角プッシュ

足裏の中心にある。鋭角（深め）で向こう側に突き抜けるように深く響かせる安定圧を３秒間かける。

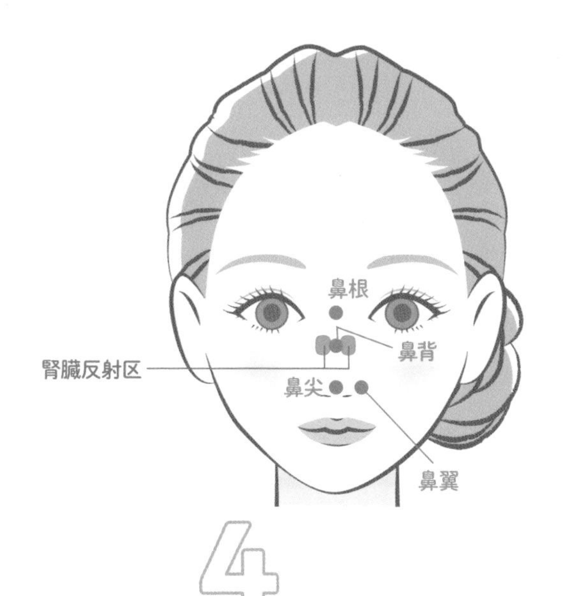

and MORE

むくみを解消！
美肌効果も！

顔の腎臓反射区

鼻根から鼻背の骨の際にある「腎臓」の反射区を親指と人差指で挟み込むようにつまんで7秒間押す。3回繰り返す。

上部リンパ腺(あご･耳介頸部リンパ腺)

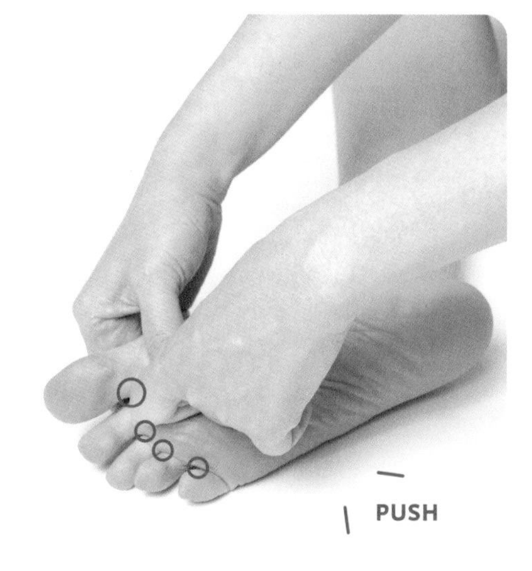

鋭角プッシュ

第1指から5指の間に各4ヶ所ある。鋭角プッシュで深く響かせるように、3秒間の安定圧をそれぞれ入れる。

4

中足骨の関節(5本)

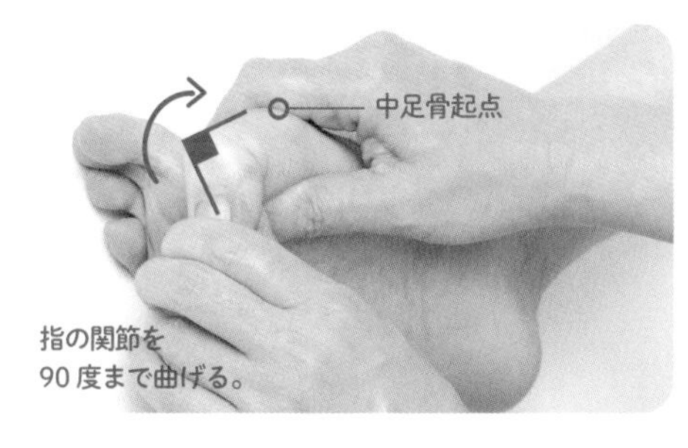

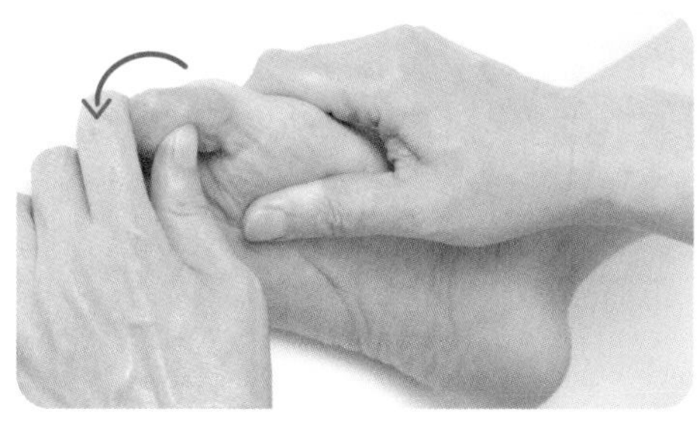

5本の指を回す

中足骨を起点として指のつけ根を抑えて固定し、関節を緩めながら外回しに5回、内回しも同様に行う。手前に引く時は指が伸びるまで引っ張る。中足骨の関節が緩むと、脳の血流がよくなり顔の血行もむくみも改善。

たるみをアップ！顔が若返る！

ブルドッグほほ

年齢を重ねるごとにたるんでいく顔。老けて見えてしまう原因は、顔のたるみにあります。頭の血流を促進させて、凝り固まった筋肉を緩め、顎の調整を行えば顔がリフトアップしていきます。少しづつ若返る感覚を楽しんでください！

大脳の反射区

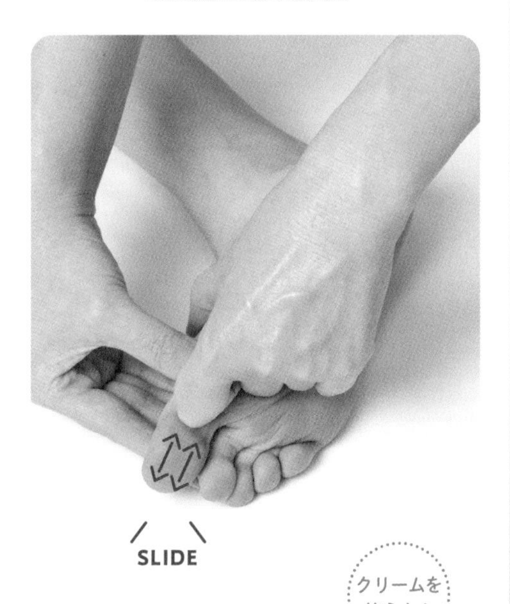

クリームを使うよ！

鋭角スライド

第１指の腹側。鋭角スライドでゴリゴリ押しつぶすように流す。

2

上顎歯（上あご）の反射区

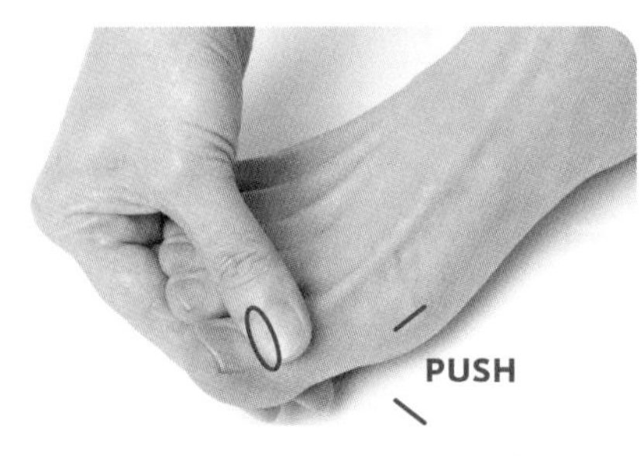

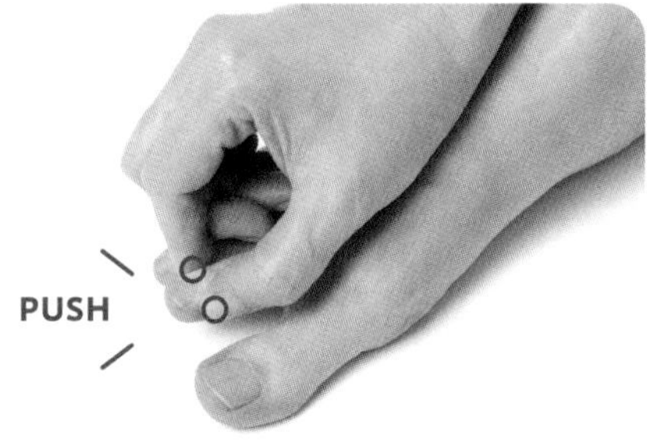

親指と人差し指でプッシュ

第１指～第５指にある。第１指（＊注１）の爪の生え際に響かせるように３秒間の安定圧で押す。第２指～５指までの第１関節（上顎歯）の内側と外側をつまんで３秒間の安定圧をかける。＊注　第１指のみ位置が違う。

and MORE

頬の腫れ、筋の緊張を取り、たるみを改善

頬車（きょうしゃ）のツボ

顎のライン（エラ）より、１センチぐらい頬に入ったところで、力を入れて歯をかみしめると筋肉が盛り上がり、口を開けるとへこむところです。親指の腹でイタ気持ち良いところまで押す。７秒間キープ。３回繰り返す。

3 下顎歯（下あご）の反射区

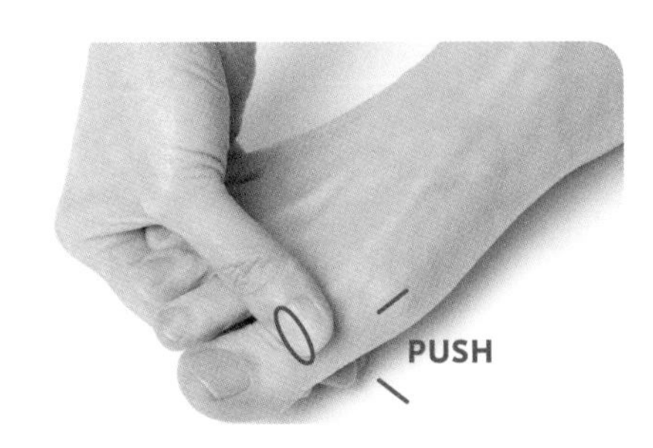

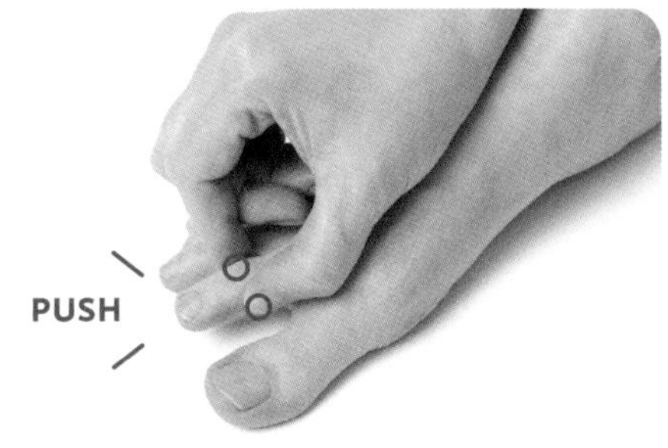

親指と人差し指でプッシュ

第１指〜第５指にある。第１指（＊注１）の関節の下側（横シワの下）に響かせるように３秒間の安定圧で押す。第２指〜５指までの第２関節（下顎歯）の内側と外側をつまんで３秒間の安定圧をかける。
＊注　第１指のみ位置が違う。

4 爪をもむ

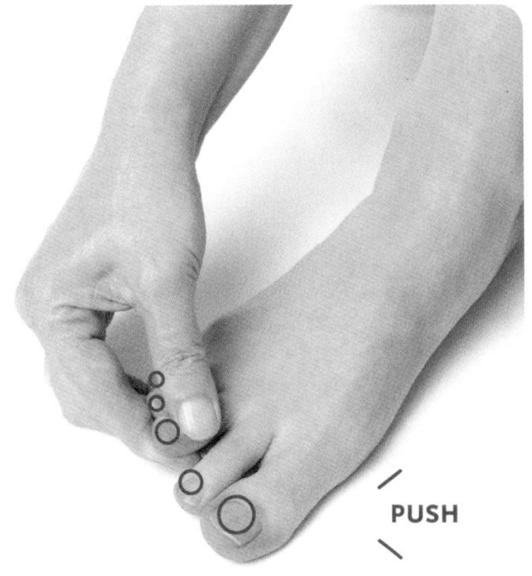

親指と人差し指ですべての爪をプッシュ

第１指〜第５指までの爪を親指と人差し指でつまんでプッシュ。末端に血液をいきわたらせるイメージをしながら３秒間の安定圧で押す。

姿勢を調整して、ヤセ体質になる！

猫背

顔と肩と胸を前に出し、みぞおちを下に向けて、胸が閉じて閉まっている状態。これが猫背の正体です。自然に背中にお肉がたっぷりとついて、呼吸は浅くなり、代謝の低下が始まります。肩の関節と筋肉をゆるめリンパを促して、みぞおちを45°上に向ける美しい姿勢を作りましょう！

胸椎の反射区

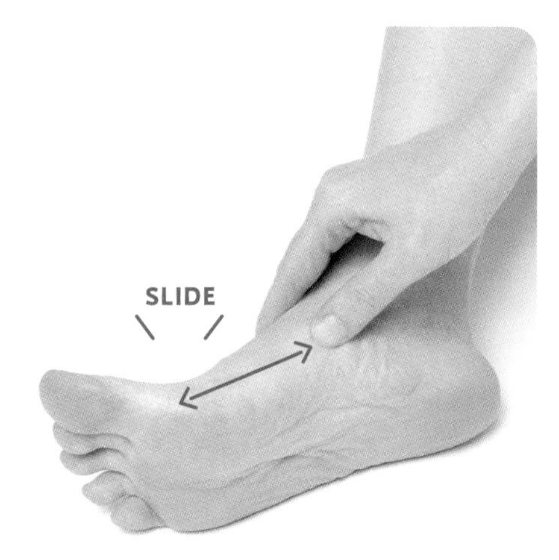

クリームを使うよ！

親指スライド

足の内側の側面の骨の際にある。親指を骨の際に食い込ませるように滑らせながら、老廃物を押しつぶすようにスライドしていく。

2

肩の僧帽筋の反射区

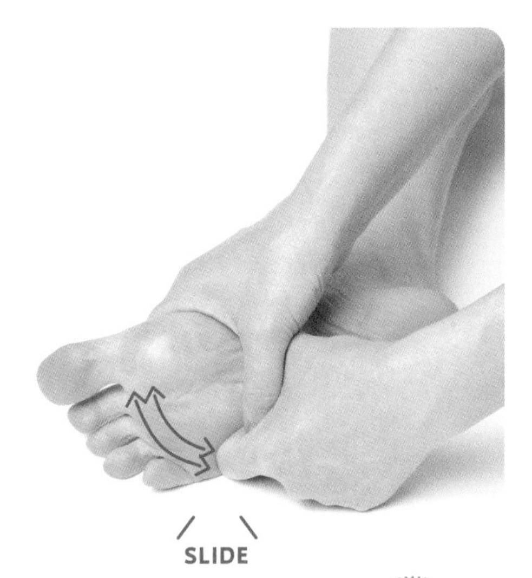

クリームを使うよ！

鋭角スライド

足裏の人さし指から小指の指の根元にある帯状の反射区。鋭角をスライドさせながら老廃物をほぐすようにして流す。

and MORE

肩甲骨をゆるめて、胸を開く！

みぞおち
45°上へ

呼吸が深くなる免疫アップ体操

肩を上に上げる→肩甲骨をくっつけるようにして、肩を思い切り後ろに動かす→そのまま肩を下ろす。3回繰り返す。その後、P37の「壁を使ってできる体操」③を行う。

3

肩関節の反射区

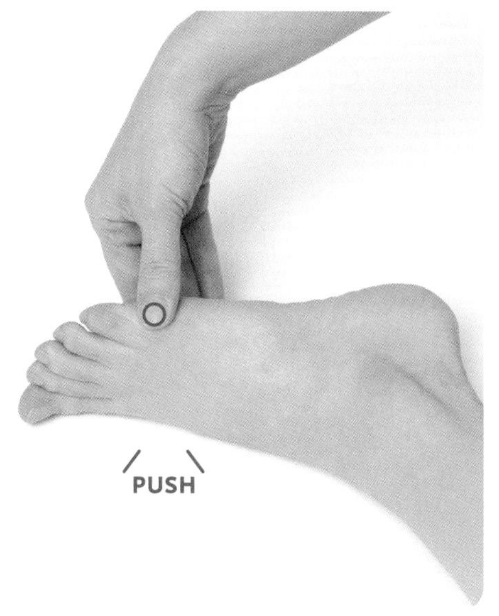

親指プッシュ

小指のつけ根、足の側面にある。親指を肩の反射区に当て、第2指〜5指を親指側に足をつかんで折り曲げるようにして深く安定圧を3秒間かける。

4

腋窩リンパ腺の反射区

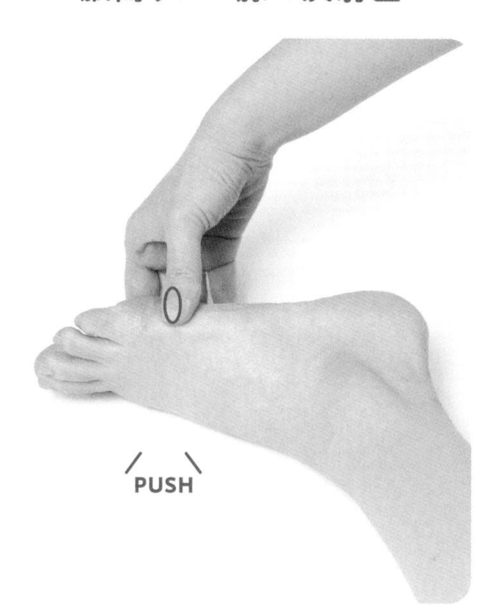

親指プッシュ

肩関節反射区の骨の下の際にある。親指プッシュで骨の際に食い込ませるように深く肩関節に向かって3秒間の安定圧をかける。

鎖骨美人で女子力アップ！

デコルテ

鎖骨が埋もれてしまうと、首が短くなり、パッと見た印象がずんぐりむっくりに見えてしまいます。胸の筋肉をゆるめ、脇のリンパを促して、停滞している老廃物をグングン追い出しましょう！鎖骨の通りが良くなれば、やせ体質なれます。

1 胸部リンパ腺の反射区

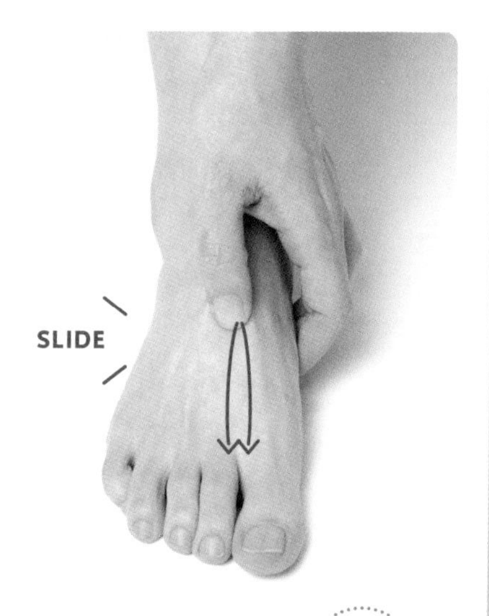

クリームを使うよ！

親指スライド

足の甲の親指と人さし指の間にある。2本のラインをそれぞれ、骨の際にくいこませるようにして、老廃物をプチプチと押し流す。

2 胸部の反射区

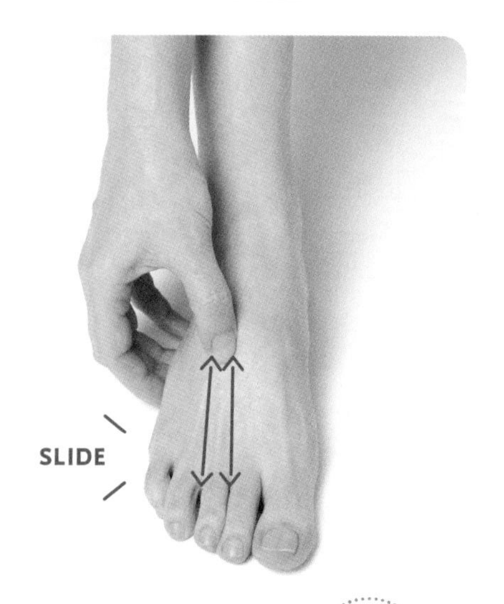

クリームを使うよ！

親指スライド

足の甲の人さし指と中指の間に１ライン、中指と薬指の間に１ラインある。指を深く埋め込むようにして老廃物を押し流す。

and MORE

老廃物と脂肪を一気に流す！痩せる体ができる！

鎖骨上リンパ節

鎖骨の上部の際の気持ち良いところを、人差し指の腹でフルーツの桃に指の跡をつけるような圧で、内側から外側に向かって、3秒間の安定圧を入れる。

腋窩リンパ腺の反射区

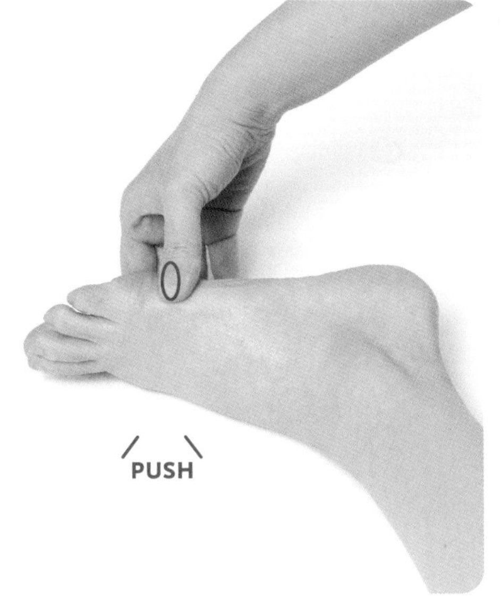

親指プッシュ

肩関節反射区の骨の下の際にある。親指を骨の際に食い込ませるように深く押し、肩関節に向かって3秒間の安定圧をかける。

鎖骨「下」ライン

プッシュ

鎖骨「下」ラインを2本の指の腹で優しくプッシュ。人差し指と中指で、鎖骨下の際をフルーツの桃に指の跡をつけるような気持ちいい圧で、指幅分ずらしながら、押して行く。

ハミ肉を除去！薄着でも自信が持てます！

ブラのハミ肉

鏡に写ったブラからはみ出ている脇肉を見て、ドン引きしてしまう。見落とし＋油断しがちな場所。すでに背中にもお肉がついているはずです。腕＋肩甲骨＋背骨まわりの筋肉をゆるめて、リンパを調整して、キレイな脇を作りましょう！

腋窩リンパ腺の反射区

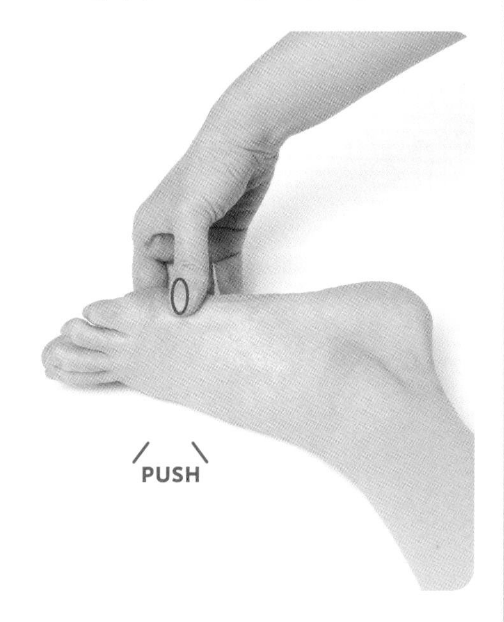

親指プッシュ

肩関節反射区の骨の下の際にある。親指を骨の際に食い込ませるように深く押し、肩関節に向かって３秒間の安定圧をかける。

2

上腕の反射区

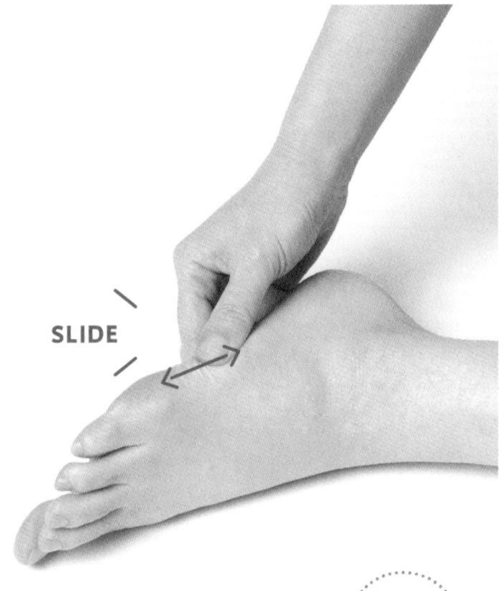

クリームを使うよ！

親指スライド

腋窩リンパ腺の反射区の隣りにある。親指プッシュで骨の際に食い込ませるように押し、固くなっている老廃物をほぐしながら流す。

and MORE

脇肉スッキリ!

脇肉つまみエクササイズ

取りたいお肉をつまむ→
痛いところまで引っ張る→
押しつぶすようにして
柔らかくする→
パッと離す

赤くなっていれば効いてる証拠。

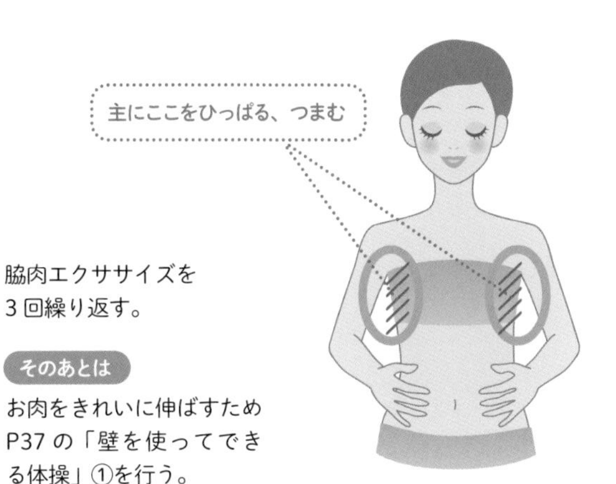

脇肉エクササイズを
3回繰り返す。

そのあとは

お肉をきれいに伸ばすため
P37の「壁を使ってできる体操」①を行う。

肩甲骨の反射区

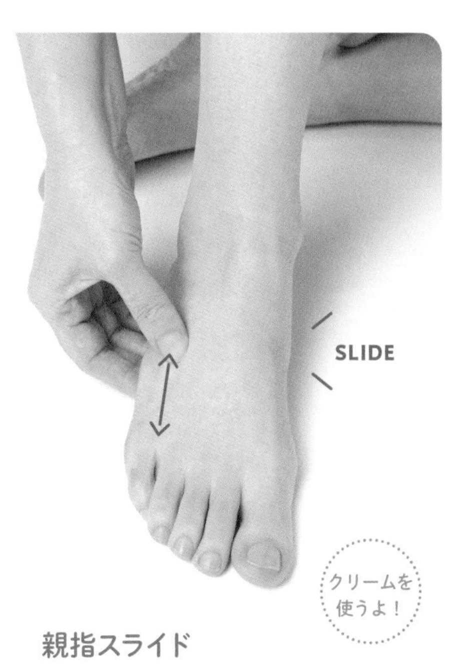

クリームを使うよ！

親指スライド

小指と薬指のつけ根の間に、親指を食い込ませるようにして押し、そのままの圧で前後に指を滑らせながら流す。

胸椎の反射区

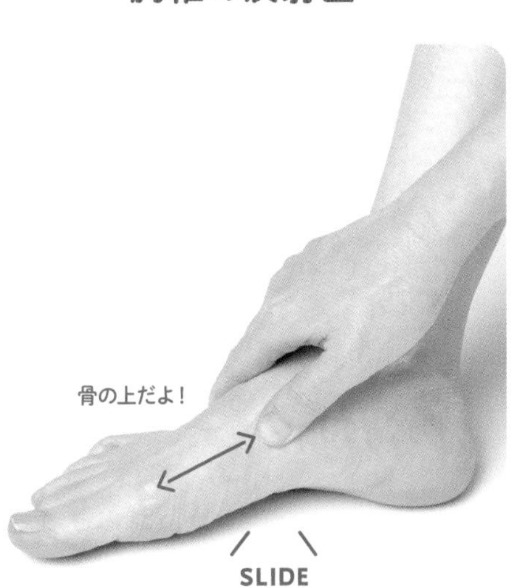

クリームを使うよ！

親指スライド

足の内側の側面の「骨の上」を親指でゆっくりスライドする。ブチブチと老廃物つぶしながら流していく。

スラリと引き締まった美しい二の腕になる！

二の腕

放っておくとどんどん太くなり、たるんでいく二の腕。キレイな二の腕を作るためのコツは、①②上腕と肘の反射区を念入りにもんで流す、③～⑤直接、二の腕を丁寧にもみほぐし流す、andMORE 体操で筋力をつけること。

上腕の反射区

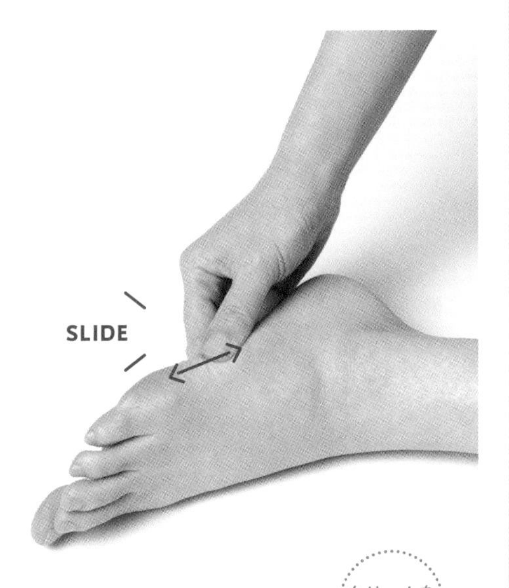

クリームを使うよ！

親指スライド

腋窩リンパ腺の反射区の隣りにある。親指プッシュで骨の際に食い込ませるように押し、固くなっている老廃物をほぐしながら流す。

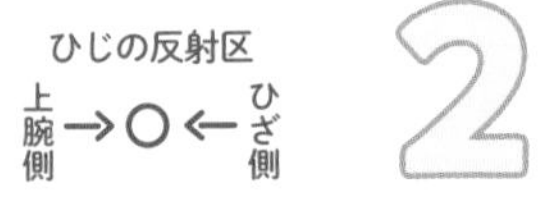

ひじの反射区

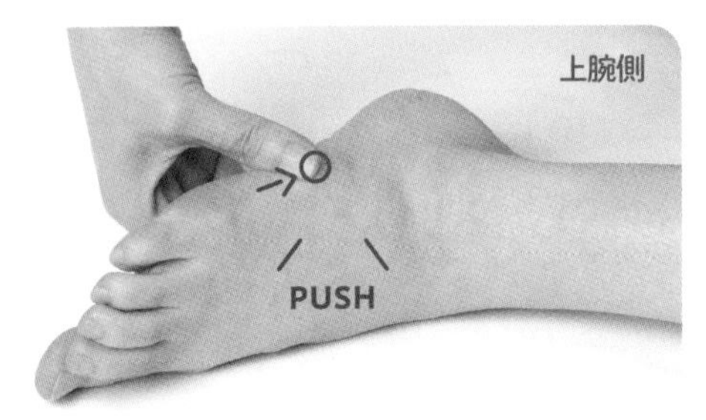

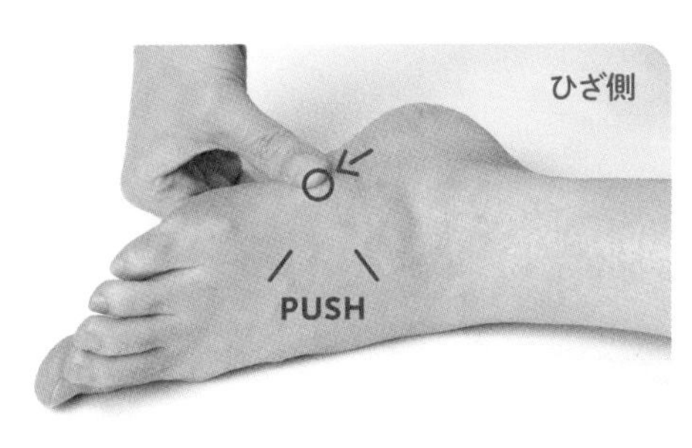

2 箇所親指プッシュ

上腕の反射区と膝関節の反射区の間にある。上腕側から膝の反射区に向かって骨の際に食い込ませるように 3 秒間の安定圧で押す。次に膝側から上腕の反射区に向かって骨に食い込ませるように 3 秒間の安定圧で押す。

and MORE

二の腕のたるみを取る

アップ!アップ!エクササイズ

腰の後ろで左手を下に、右手を上にして、手を重ねる。持ち上げるように、できる限り上に 10 回上げる。左手を上に、右手を下にして反対も行う。

上腕骨の際

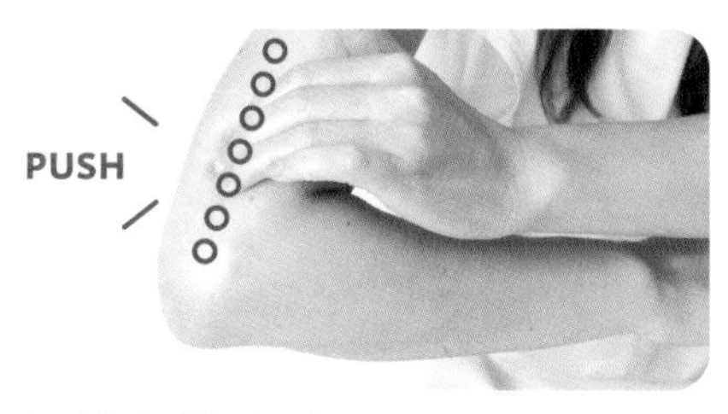

2 指 3 指でプッシュ

ひじから肩にかけて、人さし指と中指を使って順番にイタ気持ちいい圧で押してほぐしていく。

二の腕

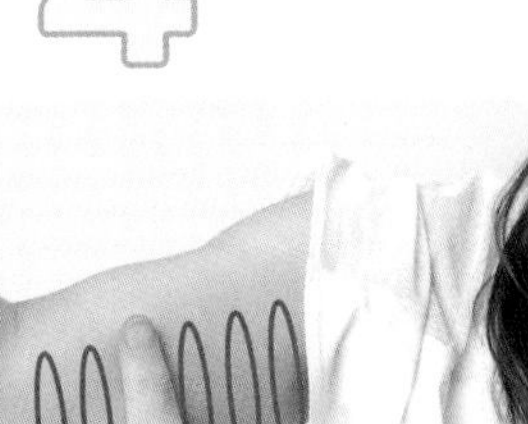

二の腕もみ

コリコリと硬い部分や、イタ気持ちいいところを指ではさんでもみ込む。

上腕骨と二の腕

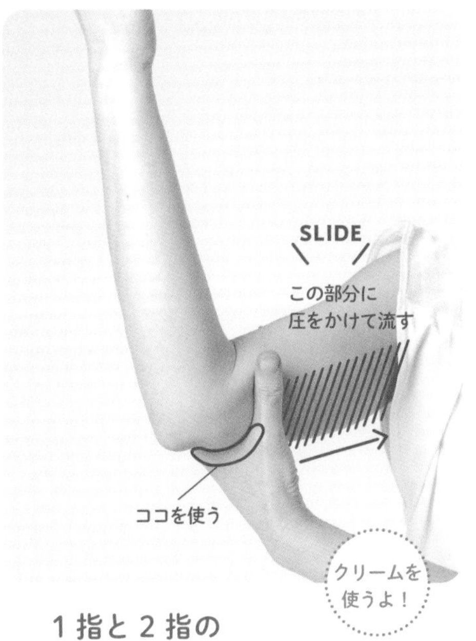

1 指と 2 指の指間部（水かき部分）スライド

親指、人さし指の側面を使い、はさみ込むようにして当てる。ひじから腕のつけ根（脇のリンパ）に向けて 3 回流す。

黒ずみ＋たるみ＋シワがない！ひじ小僧美人

ひじ小僧

普段、自分で見ることがない「ひじ」。実は人からは見られています。黒ずんだりたるんだりしていませんか？引き締まったキレイなひじ小僧を作る効果アップのコツは、①②ひじと上腕の反射区を押す＋流す、③④直接、ひじ小僧周りを押す＋流す、andMORE ひじ小僧パックで黒ずみ＋角質を除去すること。

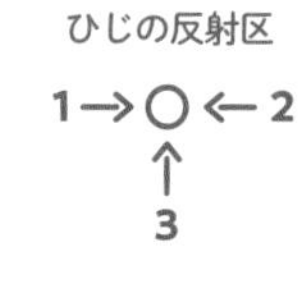

1 ひじの反射区

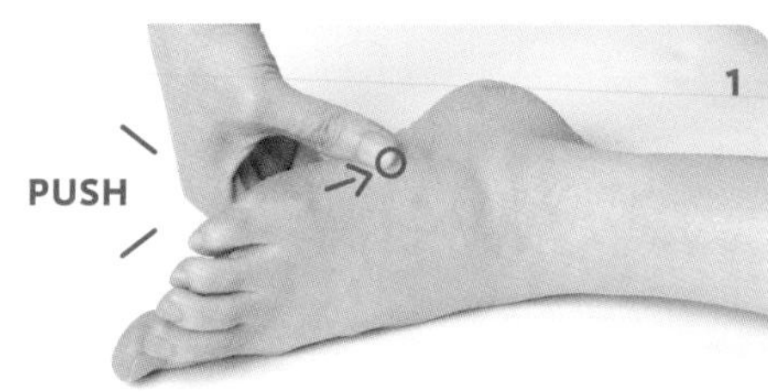

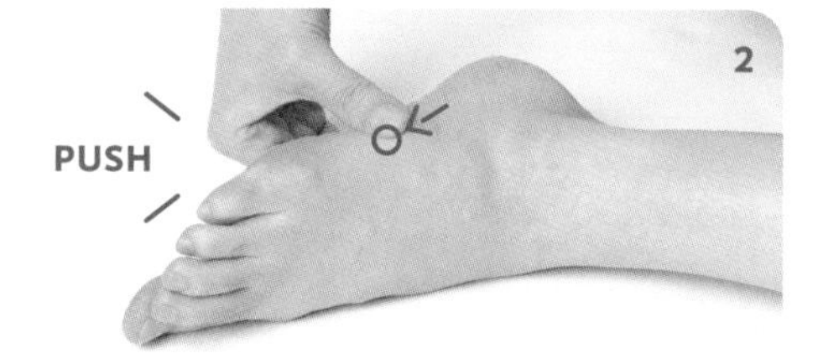

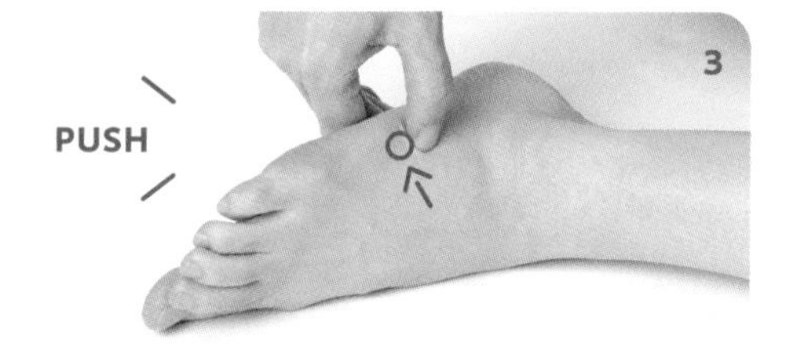

3箇所親指プッシュ

上腕の反射区と膝関節の反射区の間にある。上腕側から膝の反射区に向かって骨の際に食い込ませるように3秒間の安定圧で押す。次に膝側から上腕の反射区に向かって骨に食い込ませるように3秒間の安定圧で押す。さらに甲側から足裏に向かったて押すと効果が上がる。

2 上腕の反射区

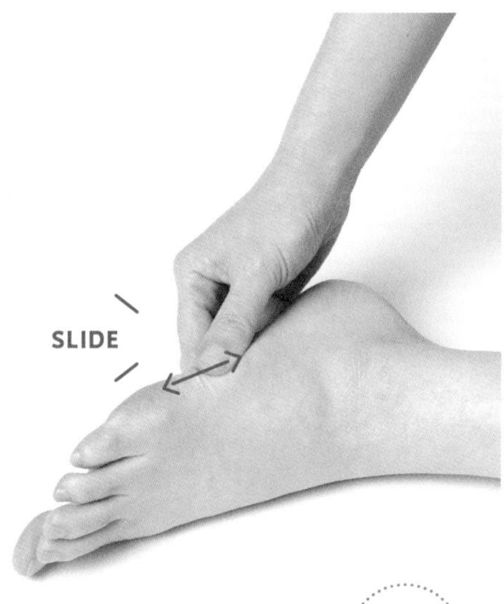

クリームを使うよ！

親指スライド

腋窩リンパ腺の反射区の隣りにある。親指プッシュで骨の際に食い込ませるように押し、固くなっている老廃物をほぐしながら流す。

and MORE

ひじを見れば 年齢がわかる! 黒ずみ+角質を除去!

ひじ小僧パック

作り方

オリーブオイル+重曹
大さじ 1：1 を混ぜるだけ

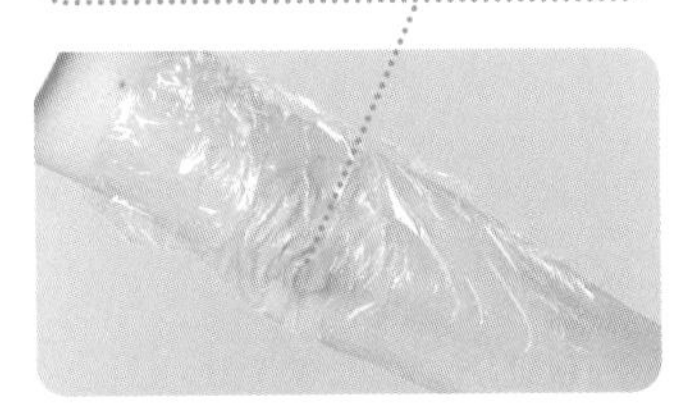

肌を傷つけないように、
強くこすりつけないようにしましょう。

塗布後、サランラップを巻いて10分待つ。軽くマッサージをして、洗い流す。もう一方の肘も同じように行う。

ひじ小僧周り

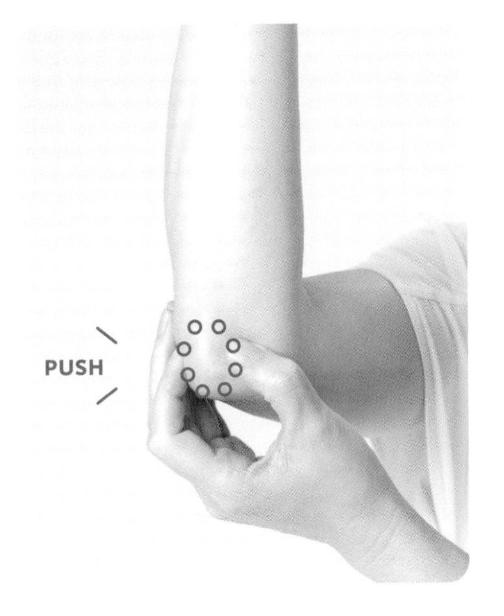

親指と人差し指でプッシュ

腕を曲げた状態で、親指と人差指でつまみなら、骨の周りをプッシュ。

ひじ小僧の周り

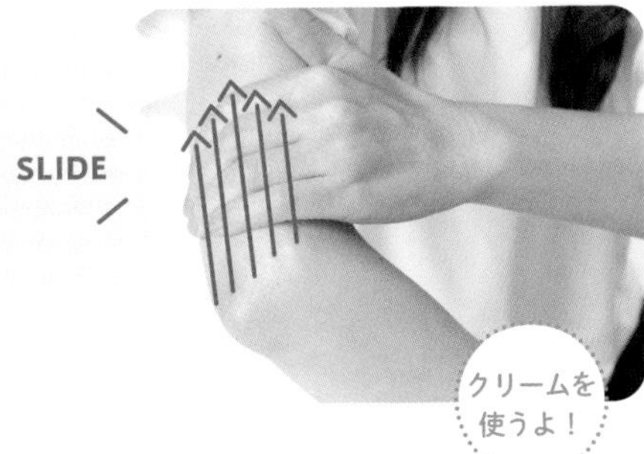

クリームを使うよ!

2、3、4、5指でスライド

ひじのシワにクリームを塗り込んでいくように、少しずつ腕を曲げながら、シワを上腕の方に伸ばしていく。

時計やブレスレットが映える！ 細くてキレイな腕になる！

ひじ下

脳や心臓から一番離れているのが足、２番目が手。実はふくらはぎ同様にむくみやすい場所の一つです。でも気づいていない人が多いのです。丁寧に揉んで老廃物を追い出せば、二の腕もやせやすくなり全体がスラリと細くなるはずです。

1

とう骨の際

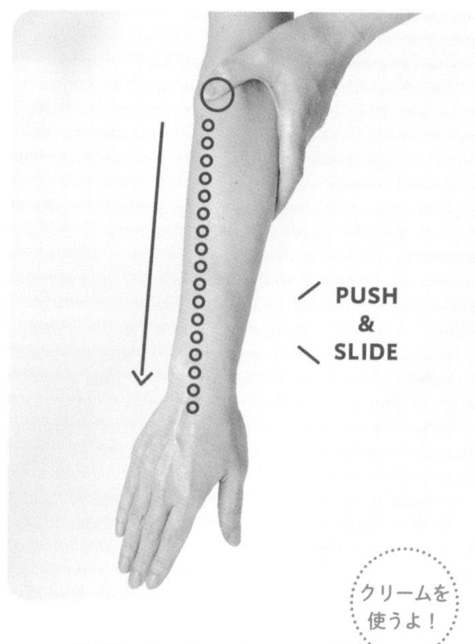

親指プッシュ＆スライド

親指側。親指の幅分ずらしながら、手首に向けてイタ気持ちいい圧で押す。その後、老廃物を流すようにすべらせていく。

2

尺骨の際

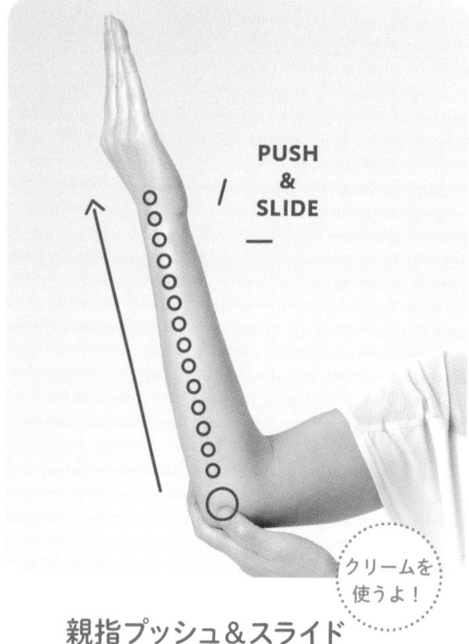

親指プッシュ＆スライド

小指側。親指の幅分ずらしながら、手首に向けてイタ気持ちいい圧で押す。その後、老廃物を流すようにすべらせていく。

and MORE

息を吐きながら行うのが効果アップのコツ!

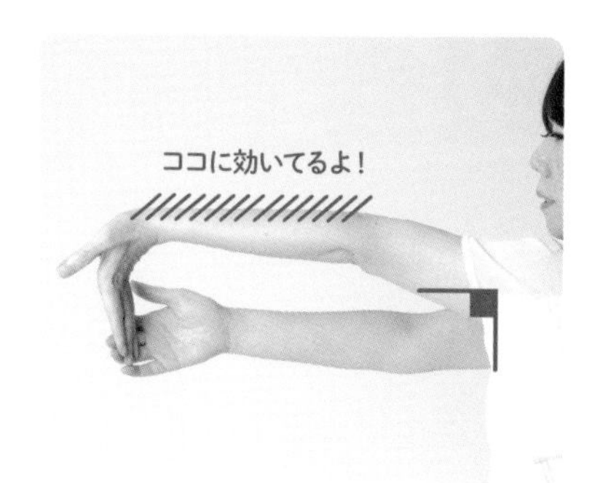

ひじリンパストレッチ

左手を90度まで上げる。指先を下にして、手のひらを向こう側に向けて右手で左指先を持って伸ばす。アイロンで伸ばしていくイメージ+伸びていることをじっくり感じながら7秒止める。もう一方の手も行う。

ひじ下全体

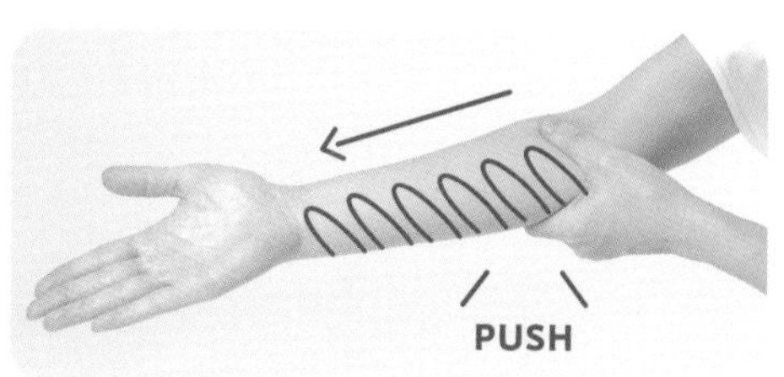

1、2、3指ではさんでプッシュ

親指、人さし指、中指を使って、はさんでひじ下の筋肉をイタ気持ちいい圧でもんでほぐす。

手首

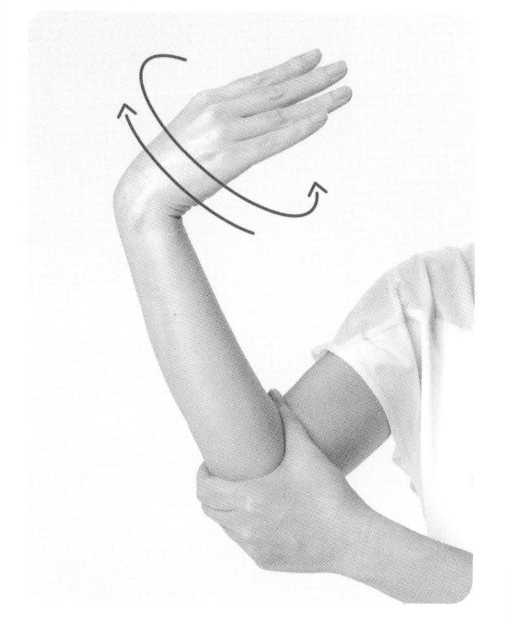

左手で右腕を固定して左回り5回、右回りに5回、回す

ひじの真ん中あたりを固定する。できる限り大きく回すと効果的。逆の手も同様に行う。

手の甲側反射区の【腕・ひじ】反射区 (※P90)

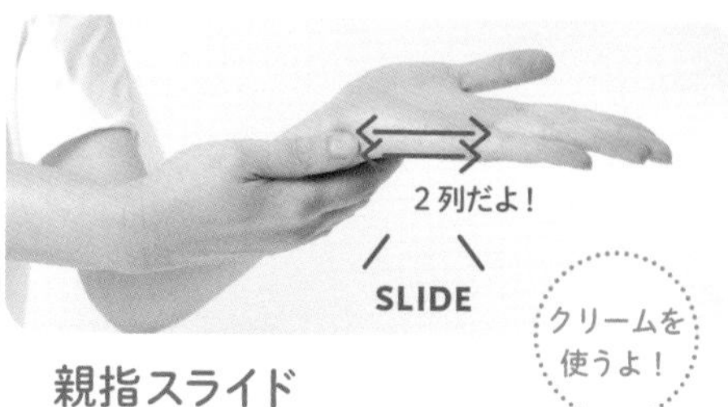

クリームを使うよ!

親指スライド

親指スライドで骨の際〜2列を押し流す。上下にしごくようにもみほぐす。

骨盤を元の位置に戻せば、ヤセ体質ができる！

反り腰

骨盤が前に傾くと、太ももの前側に負担がかかり、太ももが太くなります。また腰が反るのでお尻が突き出て、腰痛も起こりやすくなります。腰椎＋仙骨＋腰部＋尾骨の反射区をよくもんで筋肉をゆるめてやせ体質を作ります。さらにandMORE体操をプラスして、ヒップアップと腰痛改善を手に入れよう！

腰椎の反射区

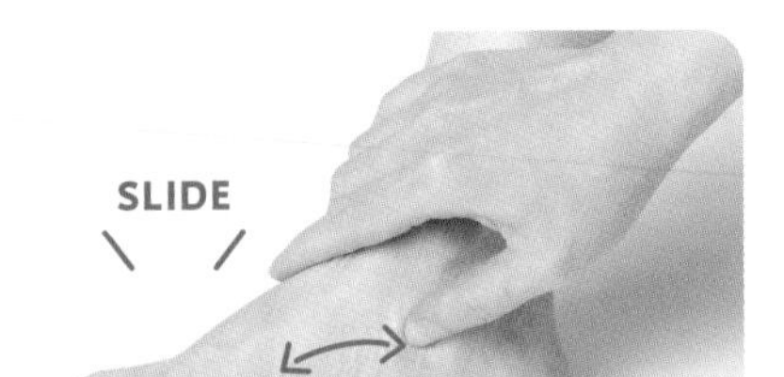

クリームを使うよ！

親指スライド

親指を骨の際に食い込ませるようにして圧をかけ。そのままの圧を維持して老廃物を押しつぶすようにして流す。

仙骨の反射区

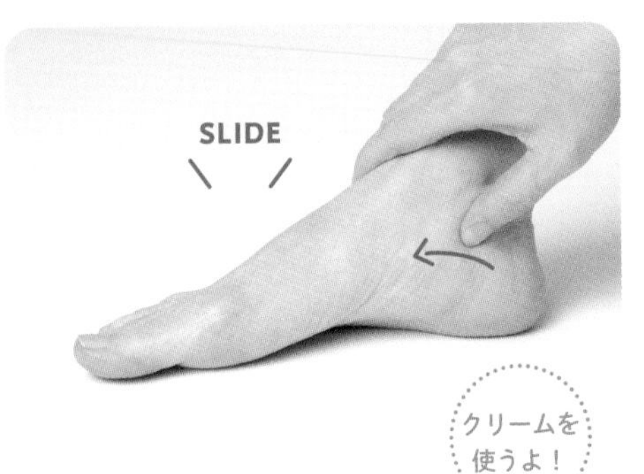

クリームを使うよ！

親指スライド

腰椎から続く側面にある。親指で骨の際に指を食い込ませるようにして老廃物を押し流す。

腰部の反射区

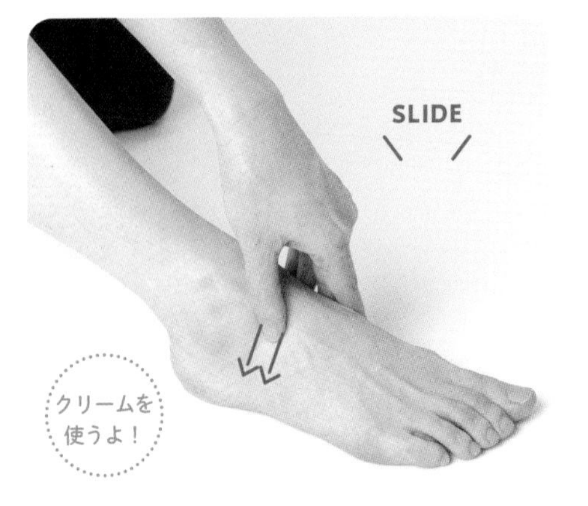

クリームを使うよ！

親指スライド

足の甲側・腹壁の反射区の外側にある。親指で骨の隙間に固くなってこびりついている老廃物をブチブチと擦り落とすようにつぶしていく。

and MORE

股関節と太もも裏をゆるめて やせ体質+ヒップアップ+腰痛改善!

座ってできる体操

椅子に座る。膝の角度は 90°

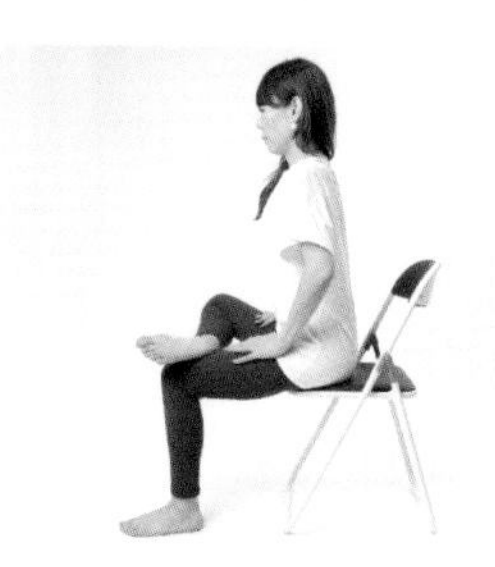

右足を左太ももの上に乗せる。重心は左のお尻に置く。肛門＋膣を締めて、背筋を伸ばし 7 秒息を吸う

息を止めながら上半身を 7 秒かけて前に倒す。右太もも裏＋右股関節が伸びていることを感じることがポイント

7 秒かけて息を吐きながらさらに気持ち良い所まで倒していく。左足も行う

尾骨の反射区

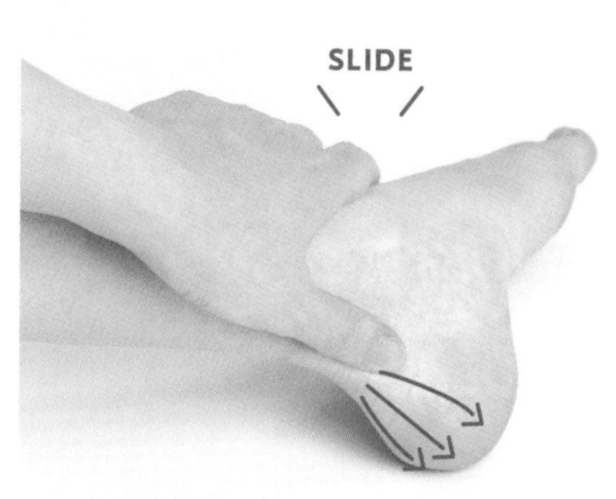

3 列だよ！

親指スライド

アキレス腱からかかとに向かって圧をかけながら流す。骨の際に固まってこびりついている老廃物を削り落とすように行うのが効果的。3 列行う

若返りホルモンを充満させるのがコツ！

ウエスト

ストレスで、ホルモンが低下、減少するとウエストにお肉がついてきます。まずは８種類のホルモンの司令塔である脳下垂体を活性させます。さらに卵巣・睾丸からのホルモンが減少したときに補ってくれる働きがある副腎皮質ホルモンを調整します。くびれウエストを手に入れよう！

1 脳下垂体の反射区

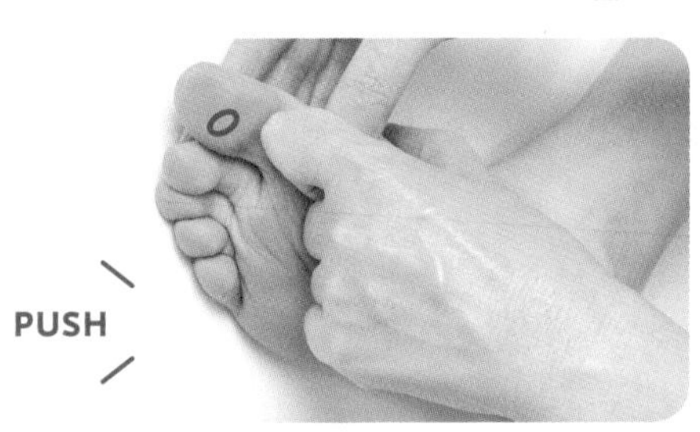

鋭角プッシュ

第１指の指紋の真ん中。やや２指側のぷっくり膨れた小さな反射区。指をしっかりと支え安定させ、鋭角プッシュでをねじり込ませるように深く入れる。

2 副腎の反射区

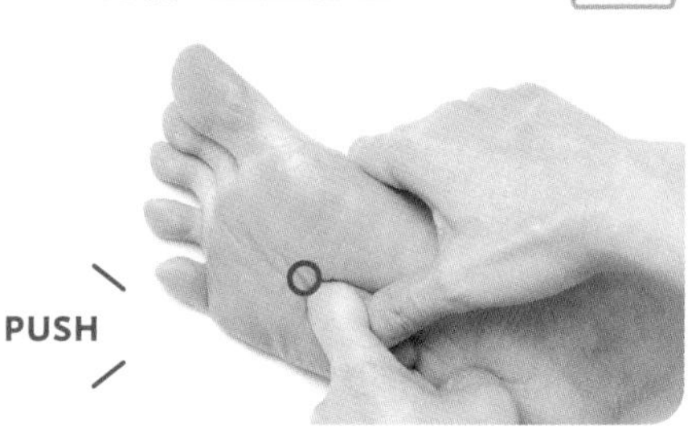

鋭角プッシュ

足でグーをした時に凹むところ（湧泉のツボ）の上の骨の際にある。鋭角（深め）で向こう側（足の甲）につき抜ける ように入れて、さらに骨に引っ掛けるように上に深く響かせる。安定圧を３秒間かける。

3 股関節の反射区（内側・外側）

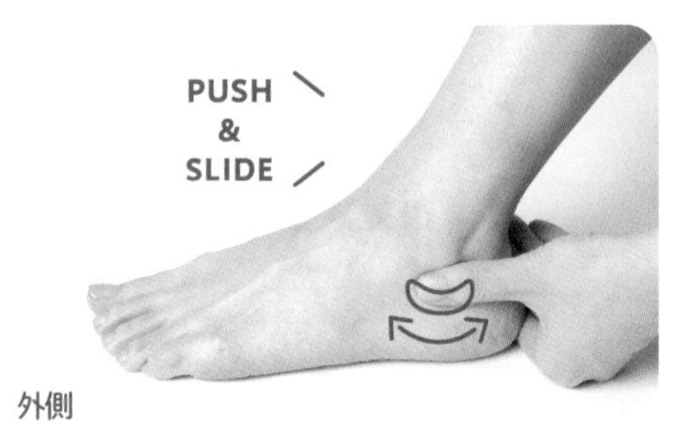

外側

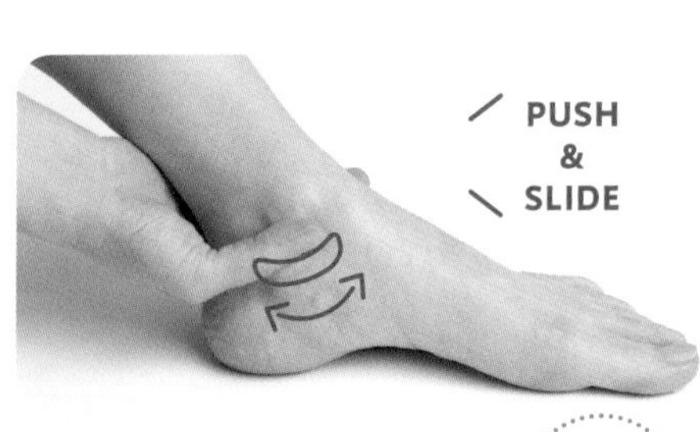

内側

クリームを使うよ！

親指プッシュ＆スライド

外くるぶしの真下の骨の際に親指を食い込ませるように３秒間の安定圧をかける。くるぶし周辺も同時にもみほぐすとさらに効果的。内くるぶしの真下にも同様に行う。

and MORE

キュッ！と引き締まった「くびれ」を作る！

ウエストつまみエクササイズ

取りたいお肉をつまむ→
痛いところまで引っ張る→
押しつぶすようにして柔らかくする→
パッと離す

赤くなっていれば効いてる証拠。

主にここをひっぱる、つまむ

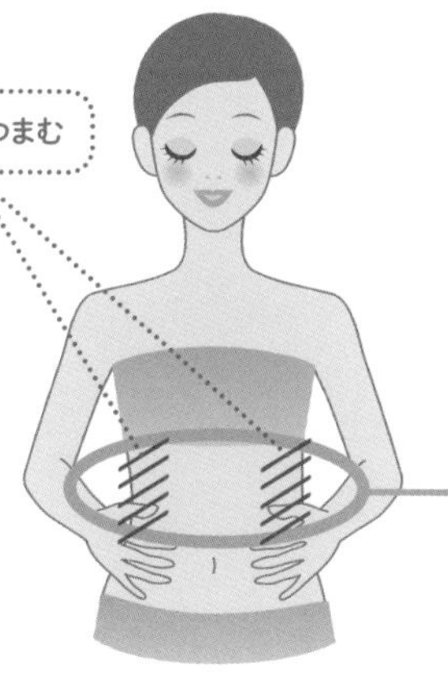

ウエストエクササイズを
3回繰り返す。

そのあとは

お肉をきれいに伸ばすため
P37の「壁を使ってできる体操」②で、伸ばしてきれいなラインを作る。

卵管・精管＋鼠径部リンパ腺の反射区

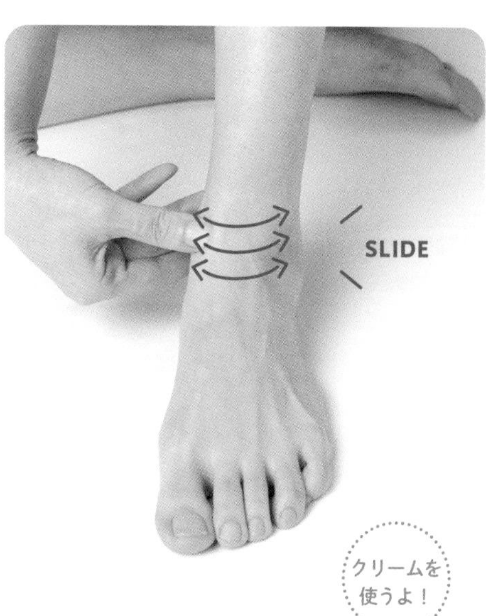

クリームを使うよ！

親指スライド

足首のつけ根前面にある。クリームですべらせながら３段３往復して押し流す。

5

卵巣・睾丸の反射区

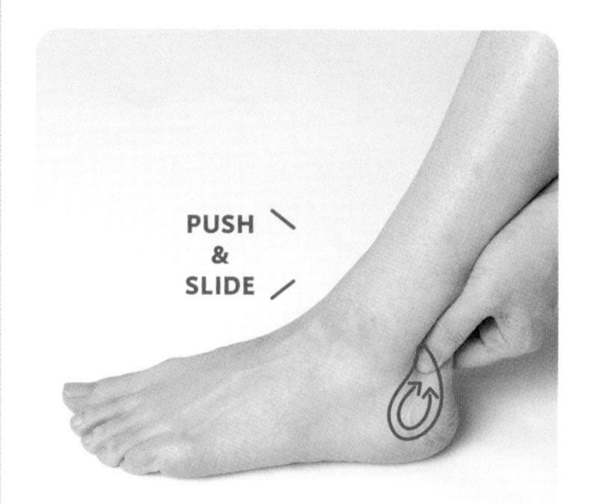

クリームを使うよ！

親指プッシュ＆スライド

外側くるぶしのかかと横にある。しずく型を意識イメージして親指で３秒間の圧をかけて順番に押す。その後、老廃物をプチプチと流していく。

ドラム缶体型の始まりは、ここから！

出っ腹（お腹上部）

胃のあたりのお腹上部が出てくるということは、すでに下腹にもお肉がついている状態。最短で凹ませるコツは、まずは消化機能の反射区を丁寧に揉んで活性させて、筋肉をゆるめる。次にandMOREの出っ腹つまみエクササイズでもみほぐし、P30 ③「お腹が整う」を心がけて骨盤を立ててお腹を凹ませる習慣を徹底しよう！

胃＋十二指腸の反射区

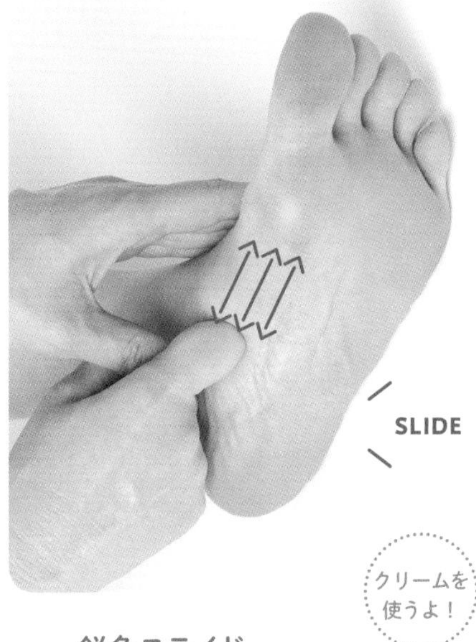

鋭角スライド

胃、十二指腸の反射区は隣接している。鋭角スライドで反射区全体をゴリゴリしごき、プチプチした老廃物を押しつぶしていく。

2

膵臓の反射区

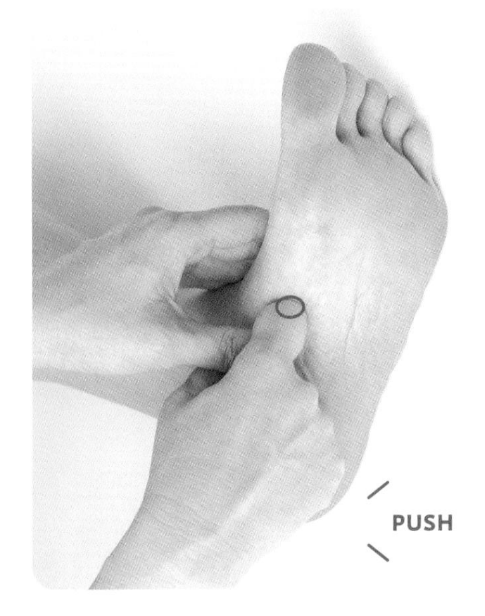

鋭角プッシュ

胃、十二指腸に囲まれるようにしてあるのが膵臓の反射区。鋭角プッシュで深く響かせるように安定圧を入れる。

and MORE

お腹が凹む!

出っ腹つまみエクササイズ

取りたいお肉をつまむ→
痛いところまで引っ張る→
押しつぶすようにして柔らかくする→
パッと離す

赤くなっていれば効いてる証拠。

出っ腹つまみエクササイズを
3回繰り返す。

そのあとは

骨盤を正しい位置に戻すため
P30 ちょっとだけ習慣8か条
「お腹が整う」③を行う。

腹腔神経叢の反射区

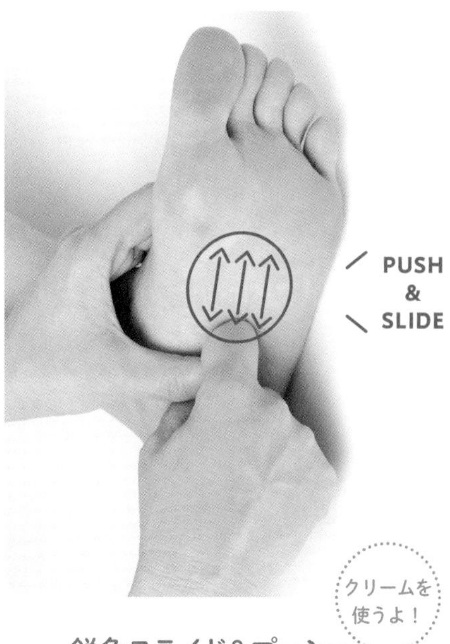

クリームを
使うよ！

鋭角スライド&プッシュ

足の裏の腎臓反射区を囲うように二回りぐらい大きい反射区。鋭角でゴリゴリ老廃物をかき出すようにしごく。気持ち良いところに3秒の安定圧を響かせるように深く入れる。

胸椎の反射区

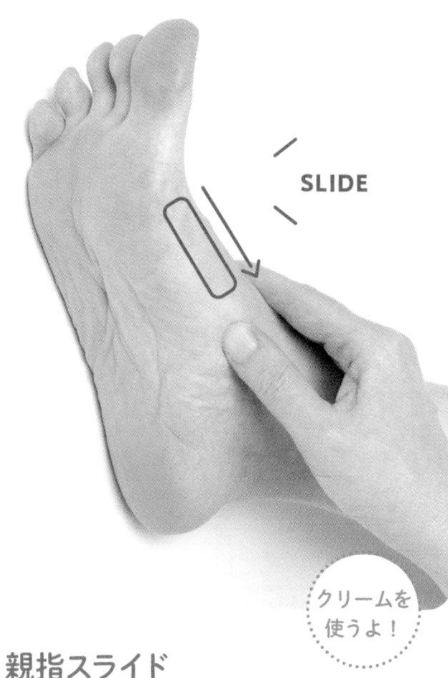

クリームを
使うよ！

親指スライド

足の内側の側面の骨の際にある。親指を骨の際に食い込ませるように滑らせながら、老廃物を押しつぶすようにスライドしていく。

横から見ても美しい！ペタンコのお腹になる！

ぽっこりお腹

姿勢、骨盤の歪み、内臓下垂、便秘等様々なことが原因で起こるぽっこりお腹。腸関連の反射区を丁寧にもんで調整しお掃除します。ペタンコのお腹を目指すなら、andMORE ぽっこりお腹つまみエクササイズとp 29②「お尻の穴＋膣が整う」を徹底しよう！

1

小腸の反射区

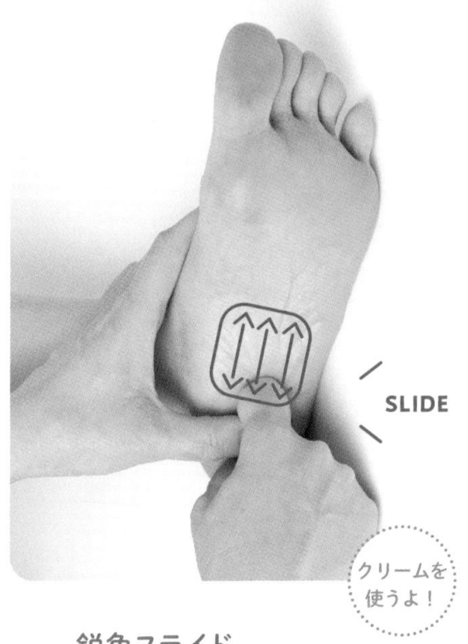

クリームを
使うよ！

鋭角スライド

足裏の中心より下側。鋭角（深め）で全体を流す。老廃物をプチプチと押しつぶすようにしてほぐすのがコツ。クリームを使う。

2

大腸の反射区

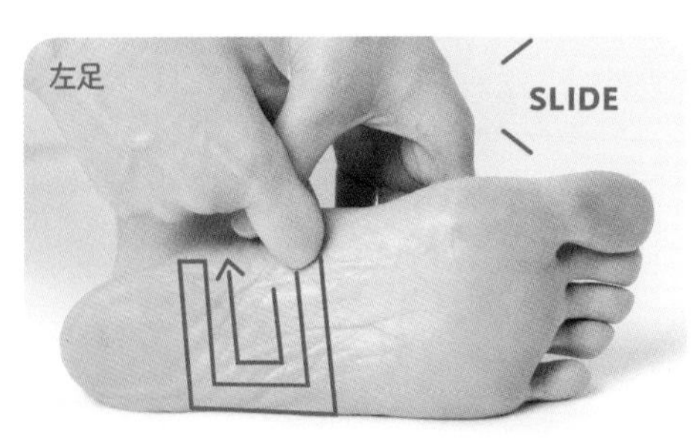

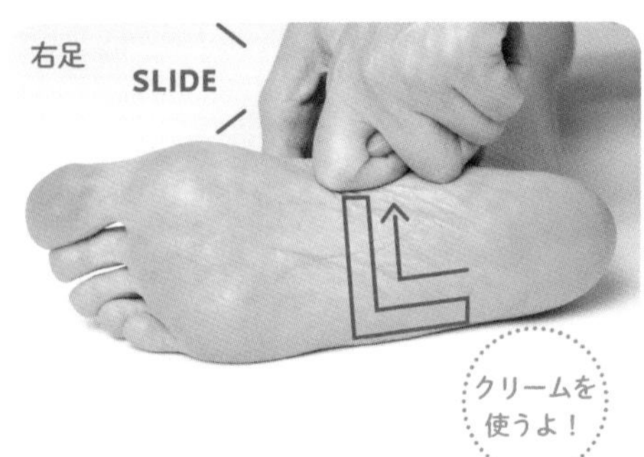

クリームを
使うよ！

鋭角スライド

左右で異なる。鋭角（深め）で、チューブを絞り出すように老廃物を押し流してしごいていく。クリームを使う。

and MORE

お肉を柔らかくしてから凹ませるのが効果UPのコツ!

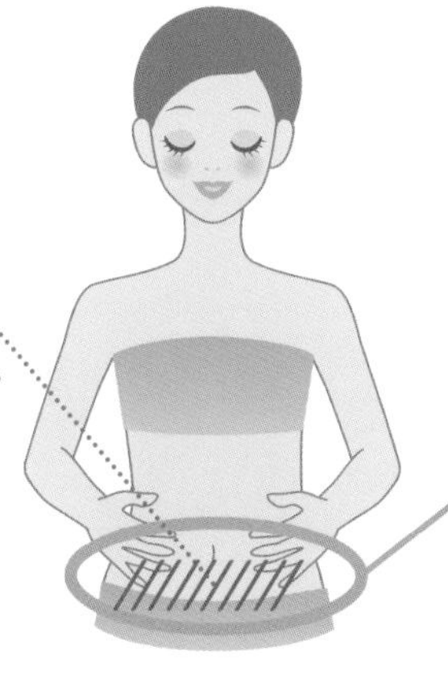

ぽっこりお腹つまみエクササイズ

取りたいお肉をつまむ→
痛いところまで引っ張る→
押しつぶすようにして柔らかくする→
パッと離す

赤くなっていれば効いてる証拠。

ぽっこりお腹つまみ
エクササイズを３回繰り返す。

そのあとは

柔らかくなったお肉をキレイに伸ばすため P29 ちょっとだけ習慣８か条「お尻の穴＋膣が整う」②を行う。

3

腹壁の反射区

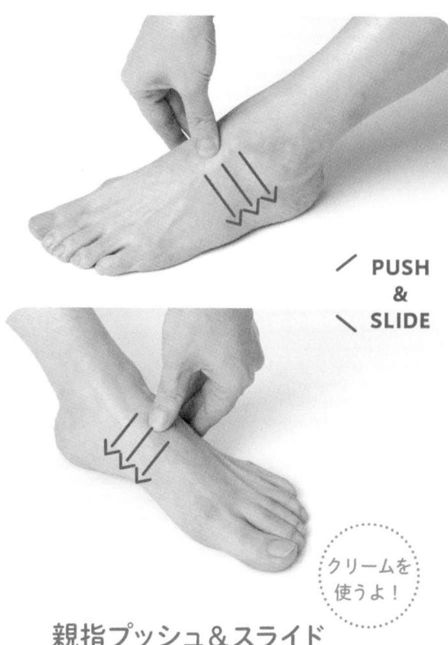

親指プッシュ＆スライド

左右に３列ずつ流す。足の甲は皮膚のすぐ下に筋や骨があるので、クリームを使ってすべらせながら、プチプチした老廃物を流す。

4

下腹部の反射区

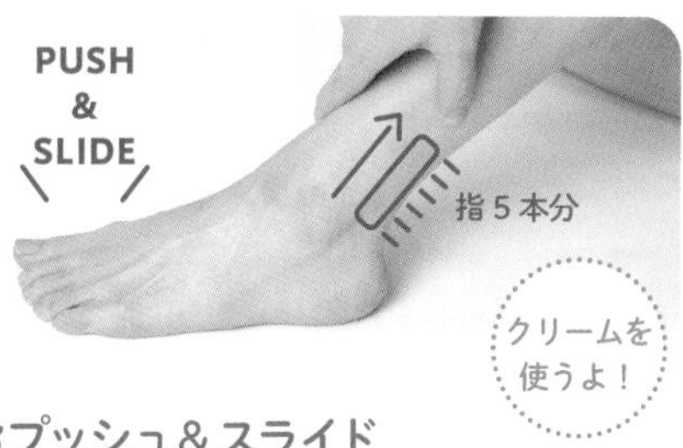

親指プッシュ＆スライド

外側くるぶしの真上から斜め 45 度後ろ側にある。親指を骨の際にくい込ませるようにして圧をかけ、指５本分上まで押し流す。クリームを使う。

5

直腸の反射区

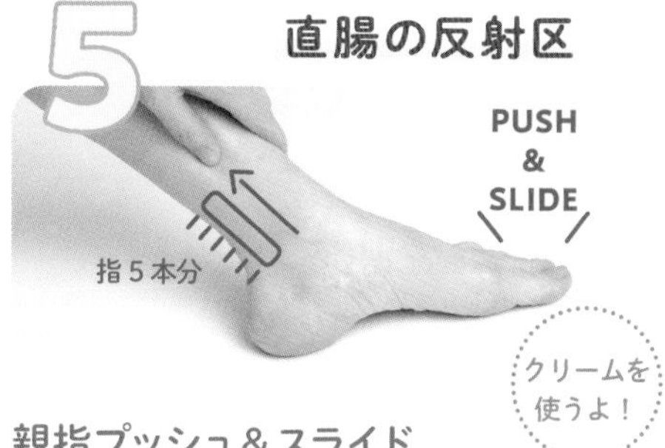

親指プッシュ＆スライド

内側くるぶしの真上から斜め 45 度後ろ側にある。親指を骨の際にくい込ませるようにして圧をかけ、指５本分上まで押し流す。クリームを使う。

背中スッキリ！後ろ姿が若返る！

背中

首が前に出て姿勢が崩れてくると背中にお肉がついてきます。背骨の筋肉をゆるめて、老廃物をドンドン排泄させるための最強の秘技は、3 列で押し流すこと。そして、andMORE 肩甲骨伸ばしセクササイズと P28「姿勢が整う」①を習慣にしてください。

胸椎の反射区

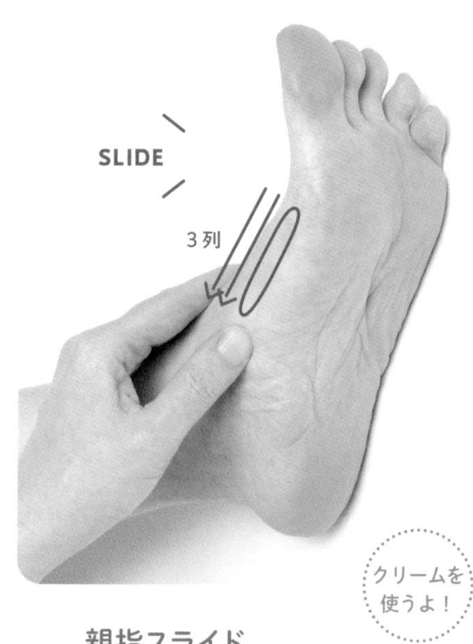

親指スライド

足の内側の側面の骨の際にある。親指を骨の際に食い込ませるように滑らせながら、老廃物を押しつぶすようにスライドしていく。さらに骨の上 2 列をスライドする。

2

腰椎の反射区

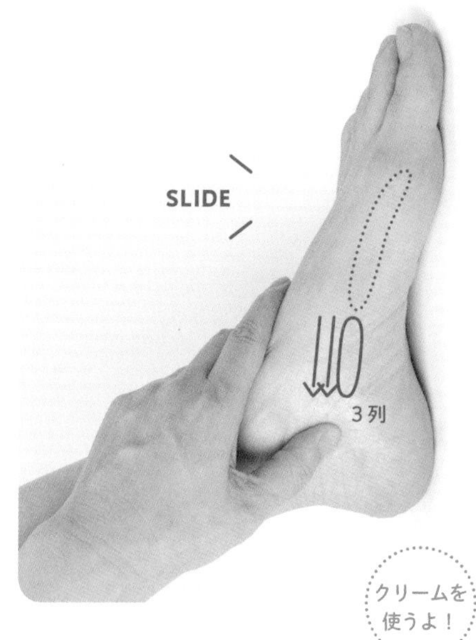

親指スライド

胸椎の反射区から続く。親指を骨の際に食い込ませるようにして圧をかける。そのままの圧を維持して老廃物を押しつぶすようにして流す。さらに骨の上 2 列をスライドする。

and MORE

二の腕＋脇＋肩甲骨ラインがキレイになる

肩甲骨伸ばしエクササイズ

左腕を胸につけるようにして伸ばし、右腕で抑える。肩甲骨が伸びるようにそのまま右に気持ちが良いところまで伸ばしていく。右腕も同じように行う。その後、姿勢を整えるP28 ちょっとだけ習慣８か条「姿勢が整う」①を行う。

仙骨の反射区

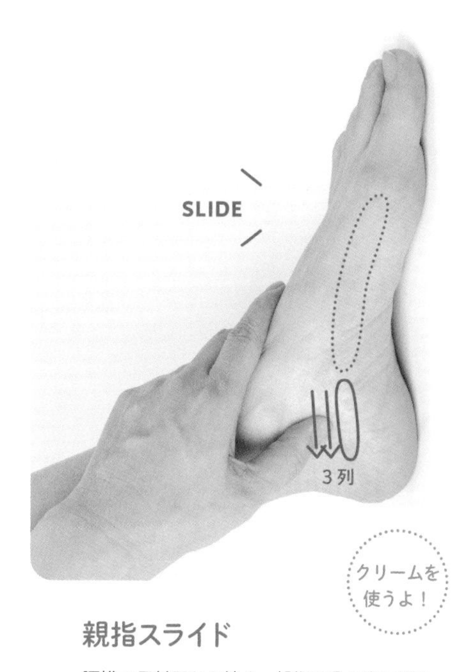

親指スライド

腰椎の反射区から続く。親指で骨の際に指を食い込ませるようにして老廃物を押し流す。１〜３をプチプチと流す。３回繰り返す。さらに骨の上２列をスライドする。

肩甲骨の反射区

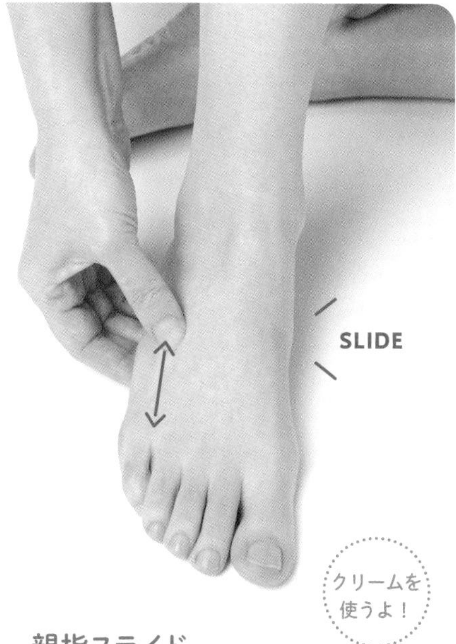

親指スライド

小指と薬指のつけ根の間に、親指を食い込ませるようにして押し、そのままの圧で前後に指を滑らせながら流す。

脂肪を追い出せ！美尻術！

お尻

血液やリンパの流れが滞りやすいので、垂れる、横尻が盛り上がる、脚との境目がないなど、お尻の悩みは多くの人が抱えています。引き締まった形の良いお尻を作るためには、尾骨＋生殖腺＋股関節反射区をよくもんで筋肉をゆるめて老廃物排泄を促します。更に andMORE お尻つまみエクササイズと P38「立ったままできる楽ちん体操」②を習慣にして、パンツスタイルが似合う美尻を目指しましょう！

尾骨の反射区

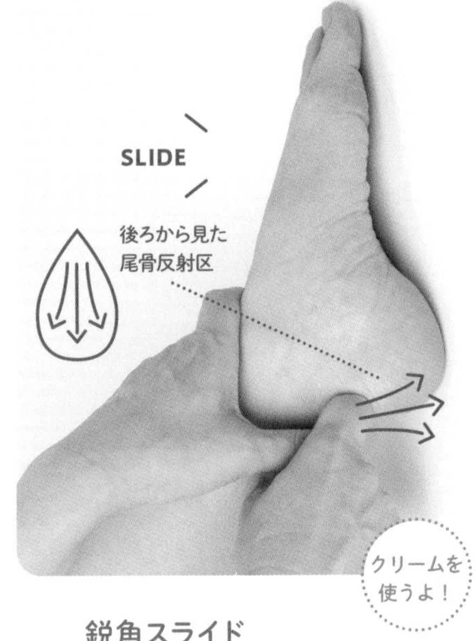

鋭角スライド

アキレス腱からかかとに向かって圧をかけながら流す。骨の際にこびりついている老廃物を削り落とすように行うのが効果的。内側・真ん中・外側の３列に行う。

2

生殖腺の反射区

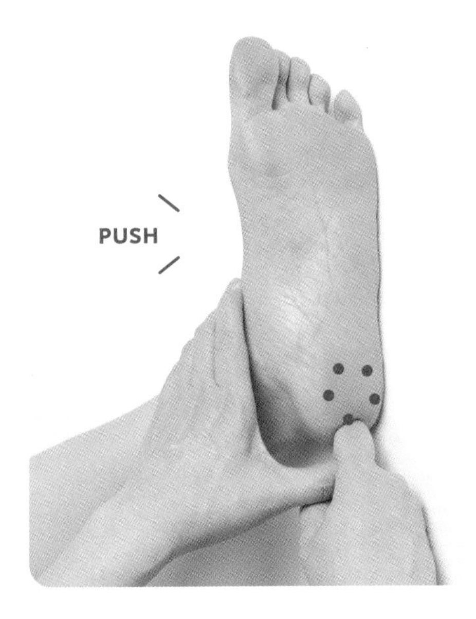

鋭角プッシュ

かかと５ヶ所に深く響かせるように３秒間の安定圧をかける。角質で硬くなっている場合は、クリームを塗って柔らかくしてから強めに深く入れる。

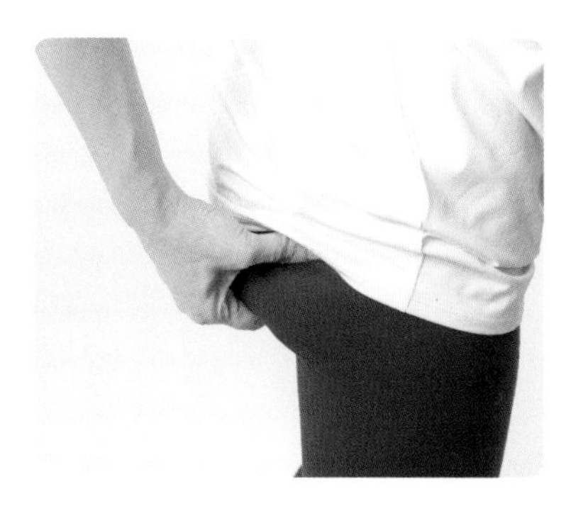

and MORE

横尻と足の境目を引き締める！

お尻つまみエクササイズ

3本の指でギュッとつまんで、老廃物をつぶすようにして、引っ張る。位置をずらしながら全体を揉み込む。少し痛いぐらいつまむのがポイント。その後、P29「立ったままできる楽ちん体操」②を行う。

3

股関節（外側）の反射区

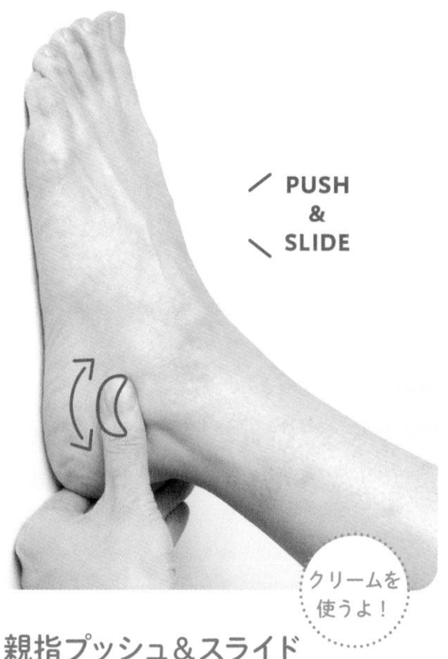

親指プッシュ＆スライド

外くるぶしの真下の骨の際に親指を食い込ませるように3秒間の安定圧をかける。くるぶし周辺も同時にもみほぐすとさらに効果的。

股関節（内側）の反射区

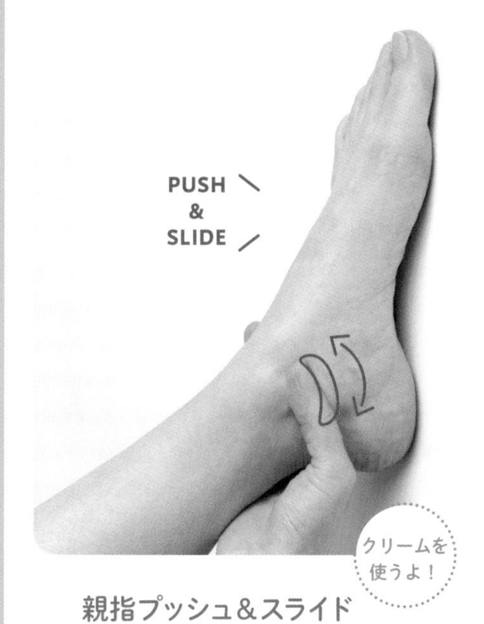

親指プッシュ＆スライド

内くるぶしの真下の骨の際に親指を食い込ませるように3秒間の安定圧をかける。くるぶし周辺も同時にもみほぐすとさらに効果的。

魅力的な美脚ラインを手に入れる！

太もも

固くてカチカチになっていたり、プヨプヨにむくんで老廃物が溜まっている人が多いです。普段あまり触ることがない場所なので、少しの刺激で効果を発揮してくれます。まず、太もも全面＋裏面のケアを丁寧にしてください。さらにandMORE太ももつまみエクササイズと寝ながらできる楽ちん体操2をプラスして、魅力的な美脚ラインを手に入れましょう！

1 太もも前面（中央・外側・内側）

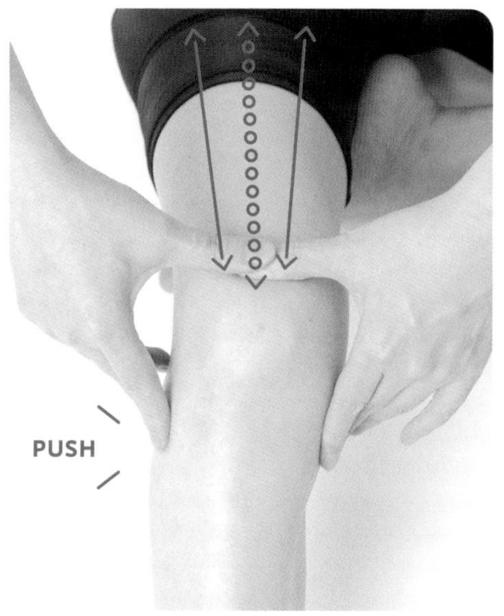

両親指プッシュ

親指を指幅分ずつずらし、つけ根までイタ気持ちいい圧で押して往復する。外側、内側も同様に行う。

2 太もも後面（中央・外側・内側）

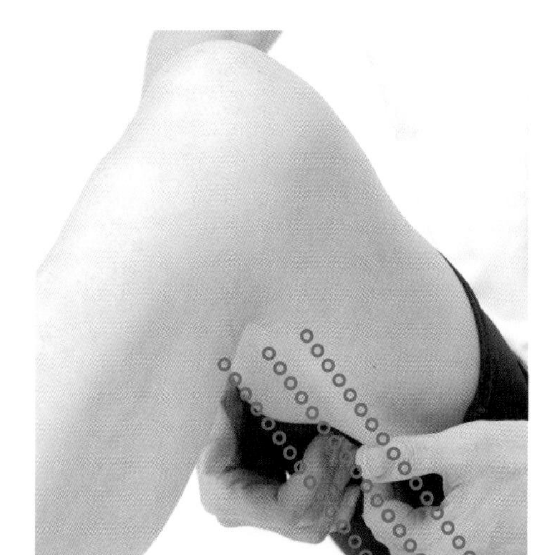

中指薬指プッシュ

両手２本ずつの指を使ってイタ気持ちいい圧で押し、お尻のつけ根まで往復する。外側と内側も同様に行う。

and MORE

もんで！もんで！もんで！細くする！

太ももつまみエクササイズ

取りたいお肉をつまむ→
痛いところまで引っ張る→
押しつぶすようにして柔らかくする→
パッと離す

赤くなっていれば効いてる証拠。

主にここをひっぱる、つまむ

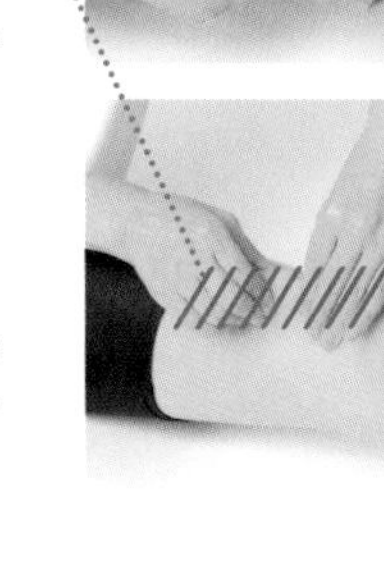

太もも上側、外側も同様に行う。太ももつまみエクササイズを３回繰り返す。

そのあとは

柔らかくしたお肉をキレイに伸ばすため P36「寝ながらできる楽ちん体操」②を行う。

3

太もも前面（中央・外側・内側）

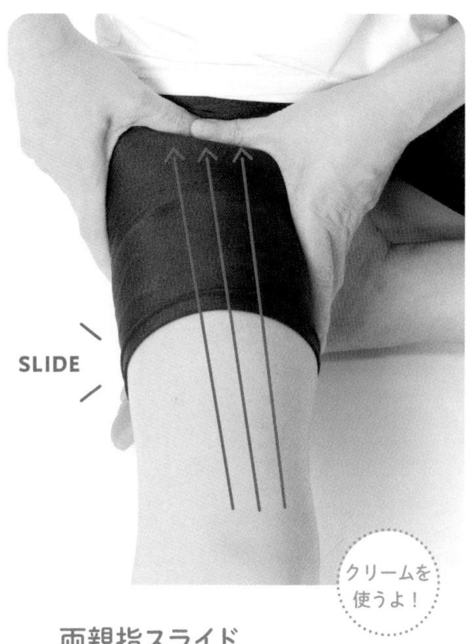

両親指スライド

老廃物を押し流すイメージで、骨のラインにそってつけ根まですべらせる。中央、外側、内側の順に。３列を３回ずつ行う。

4

太もも後面（中央・外側・内側）

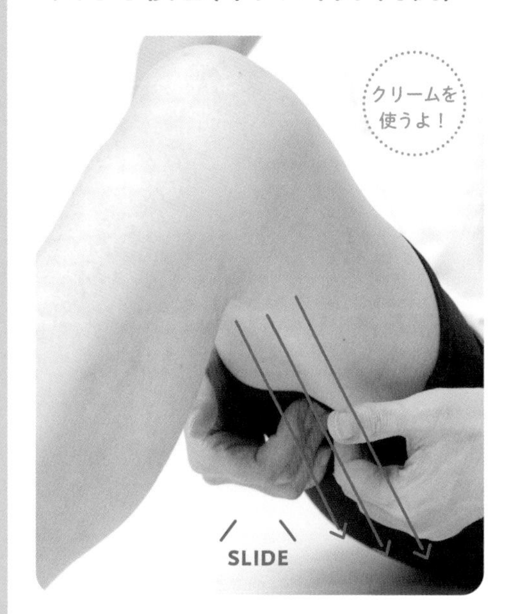

中指薬指スライド

ひざ裏からお尻のつけ根に向かって老廃物を押し流す。３列を３回ずつ行う。

美脚の秘訣は、骨の「キワ」にあり！

ふくらはぎ

骨の際に老廃物がこびりついている人がほとんど。美しいラインを作るには、骨のように凝り固まっている脛骨と腓骨のキワの老廃物を押しつぶし、排泄させること。さらにダイエットや健康改善にも効果を発揮するむこうずねを丁寧に揉み込み、立ったままできる楽ちん体操もプラスすれば、魅せる美脚に変身します。

外側坐骨神経

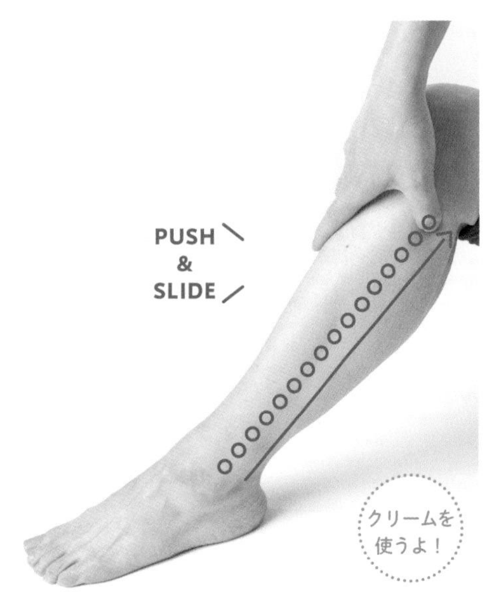

両親指プッシュ＆スライド

外側くるぶしの真上から斜め45度後ろ側。両親指を骨にそわせながらひざに向かって押していく。その後、同じラインを流す。スライドはクリームを使って。

2

内側坐骨神経

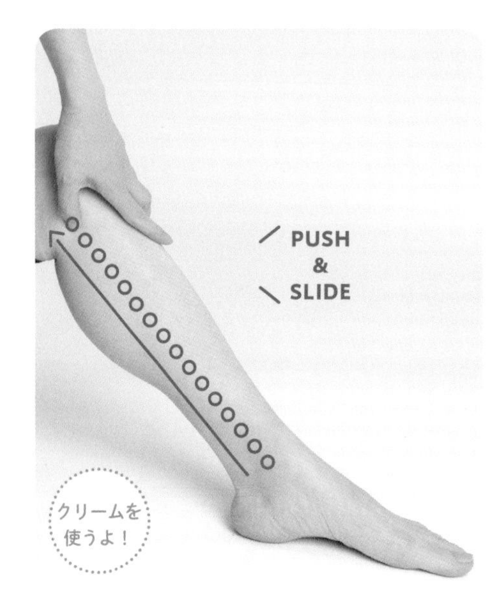

両親指プッシュ＆スライド

内側くるぶしの真上から斜め45度後ろ側。両親指を骨の際にそわせながら、老廃物をつぶすようにひざに向かって押していく。その後、クリームを使って同じラインを流す。

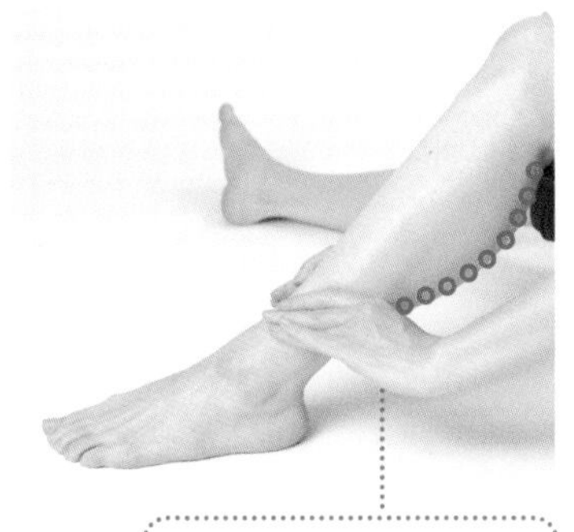

親指に力を入れるのがポイント

and MORE

ダイエットの成功の鍵は、ふくらはぎにある！

ホッチキスふくらはぎもみ

膝を立て、両手の２指から５指までをすね側に、親指をふくらはぎに当てて、ホッチキスのように挟み込むようにして、押しつぶすように深くもんでいく。その後、P38「立ったままできる楽ちん体操」③を行う。

むこうずね

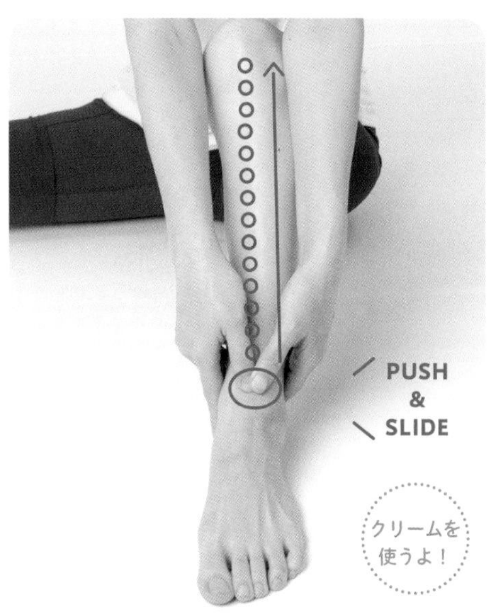

両親指プッシュ＆スライド

すねの真ん中を足首からひざ下に向けて、両親指の指幅分をずらしながらイタ気持ちいい圧で押す。その後、クリームを使って同じラインを流す。

ふくらはぎ

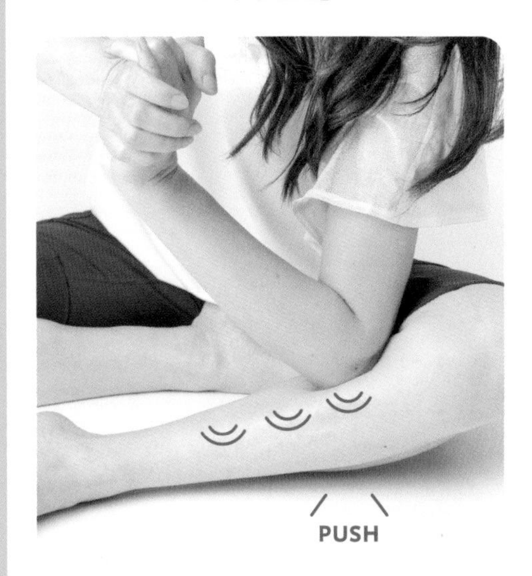

胡座をかき、ひじを使い体重を乗せながら、柔らかくなるまで押しほぐす。

美脚の極意は、アキレス腱にあり！

アキレス腱

くるぶしわまりは老廃物が溜まりやすい場所なので、埋もれている人がほとんど。キュッと引き締まったくびれのあるアキレス腱を作るには、卵巣・下腹部、子宮・直腸の反射区をもんでホルモンバランスを調整します。次にandMOREでアキレス腱をゆるめてから、P38「立ったままできる楽ちん体操」③を習慣づければ完璧です。

1 卵巣の反射区

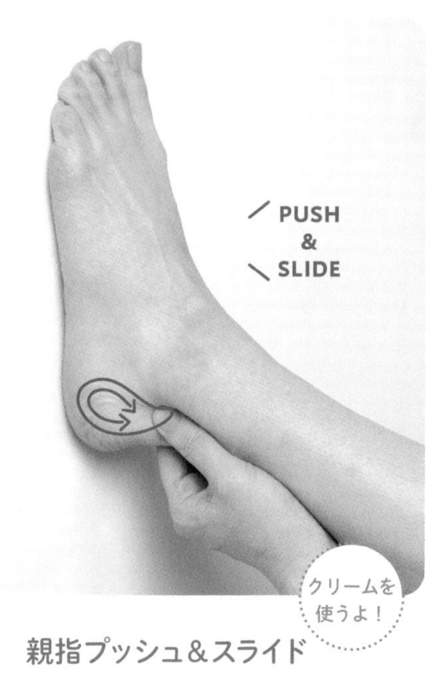

親指プッシュ＆スライド

外側くるぶしのかかと横にある。しずく型を意識イメージして親指で3秒間の圧をかけて順番に押す。その後、クリームを使って老廃物をプチプチと流していく。

2 下腹部の反射区

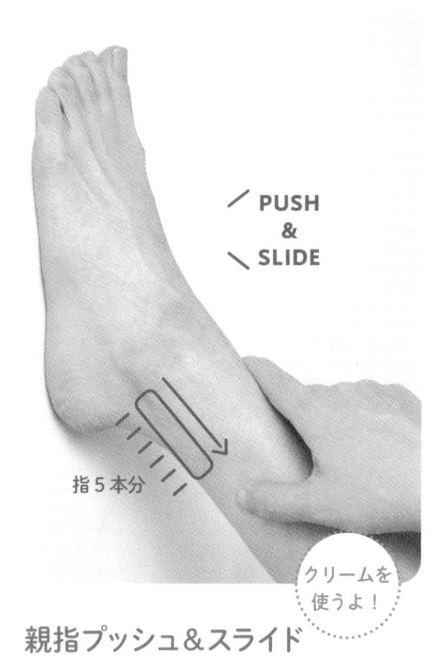

親指プッシュ＆スライド

外側くるぶしの真上から斜め45度後ろ側にある。親指を骨の際にくい込ませるようにして圧をかけ、指5本分上まで押し流す。クリームを使う。

and MORE

アキレス腱を柔らかくして+伸ばす!

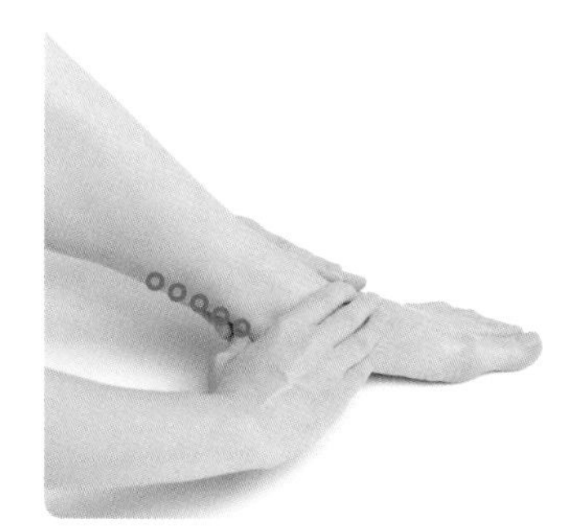

アキレス腱ゆるめエクササイズ

足首をつかむようにして、両手の親指をアキ レス腱に当てる。かかとの骨の上から順番に、桃のフルーツに指の跡をつけるような圧で、7 秒づつ 5 段プッシュ。凝り固まったバネに、柔軟性を与える気持ちで優しく押すのがポイント。その後、P38「立ったままできる楽ちん体操」③を行う。

子宮の反射区

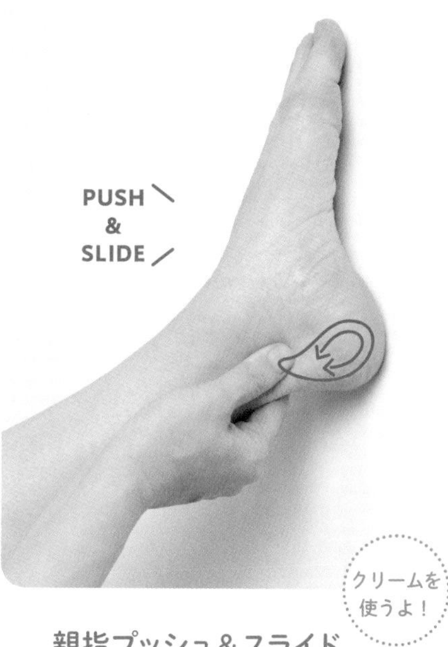

親指プッシュ&スライド

内側くるぶしの横にある。しずく型を意識イメージして親指で 3 秒間の安定圧をかけて順番に押す。その後、クリームを使って老廃物をプチプチと流していく。

直腸の反射区

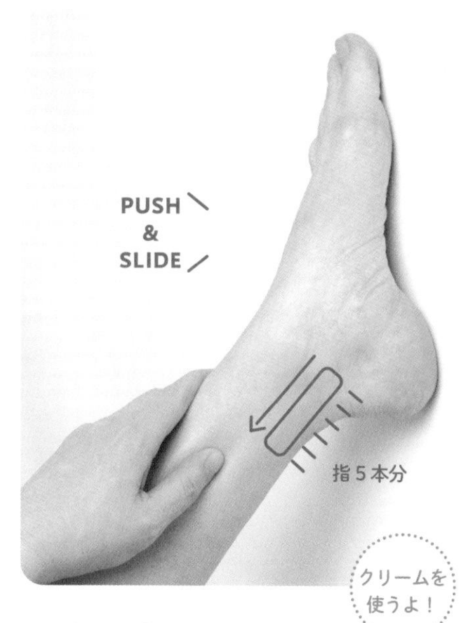

親指プッシュ&スライド

内側くるぶしの真上から斜め 45 度後ろ側にある。親指を骨の際にくい込ませるようにして圧をかけ、指 5 本分上まで押し流す。クリームを使う。

電車の中や仕事中でも手軽にこまめに！やせ体質になる手もみの反射区&ツボ

臓器や器官の神経に繋がるツボや反射区は、足だけではなく、手・顔（P52〜53参照）・耳にもあります。手や顔をもめば、足と同様に血流が促進され代謝が上がり、自律神経が調整されます。ダイエットや美容にも大いに力を発揮してくれるのです。

即効性の順位をつけるとすると、足→手→顔→耳となります。

本ページでは、多くの人が気になるであろう「お腹」「二の腕」「お尻」のもみ方を解説しました。お仕事の合間や移動中など、気づいたときに「ちょっとだけ」揉む。ぜひ「手もみ習慣」を取り入れて、ヤセ体質を加速させてください。

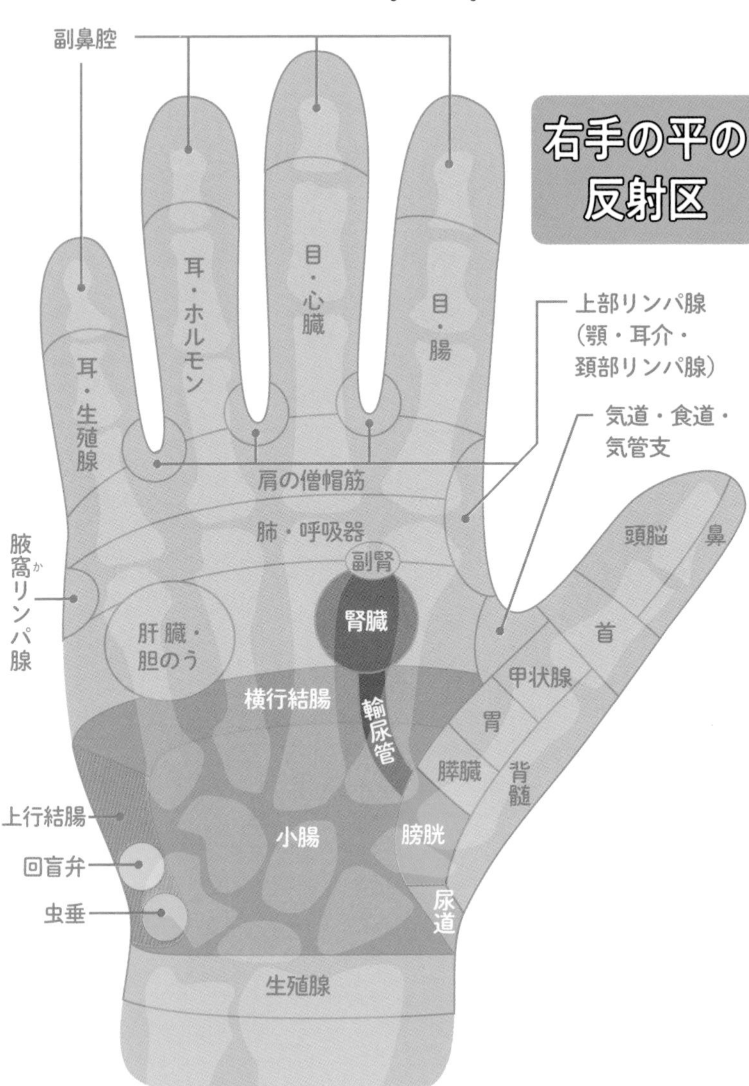

ひと目でわかる手の内臓反射区とツボの使い方

また、ひと目でわかる手の「内臓反射区」と「ツボ」地図の中で、あなたの気になるツボや反射区を3つほど覚えて「毎日もむ＋押す」習慣をつけるようにしてみてください。いつでもどこでも老廃物を停滞させないようにする心がけが美しい体を作るためのコツです。

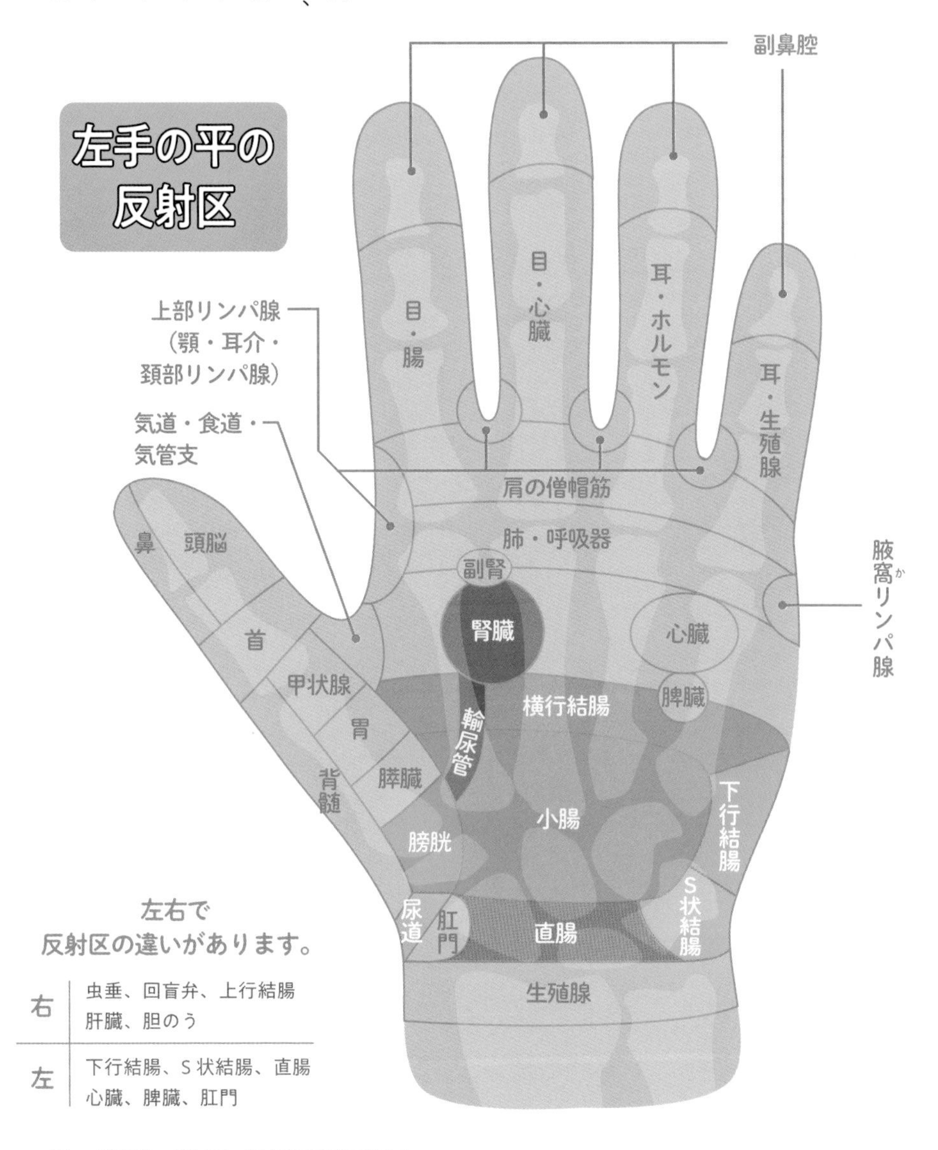

左右で反射区の違いがあります。

右	虫垂、回盲弁、上行結腸 肝臓、胆のう
左	下行結腸、S 状結腸、直腸 心臓、脾臓、肛門

右手の甲の反射区

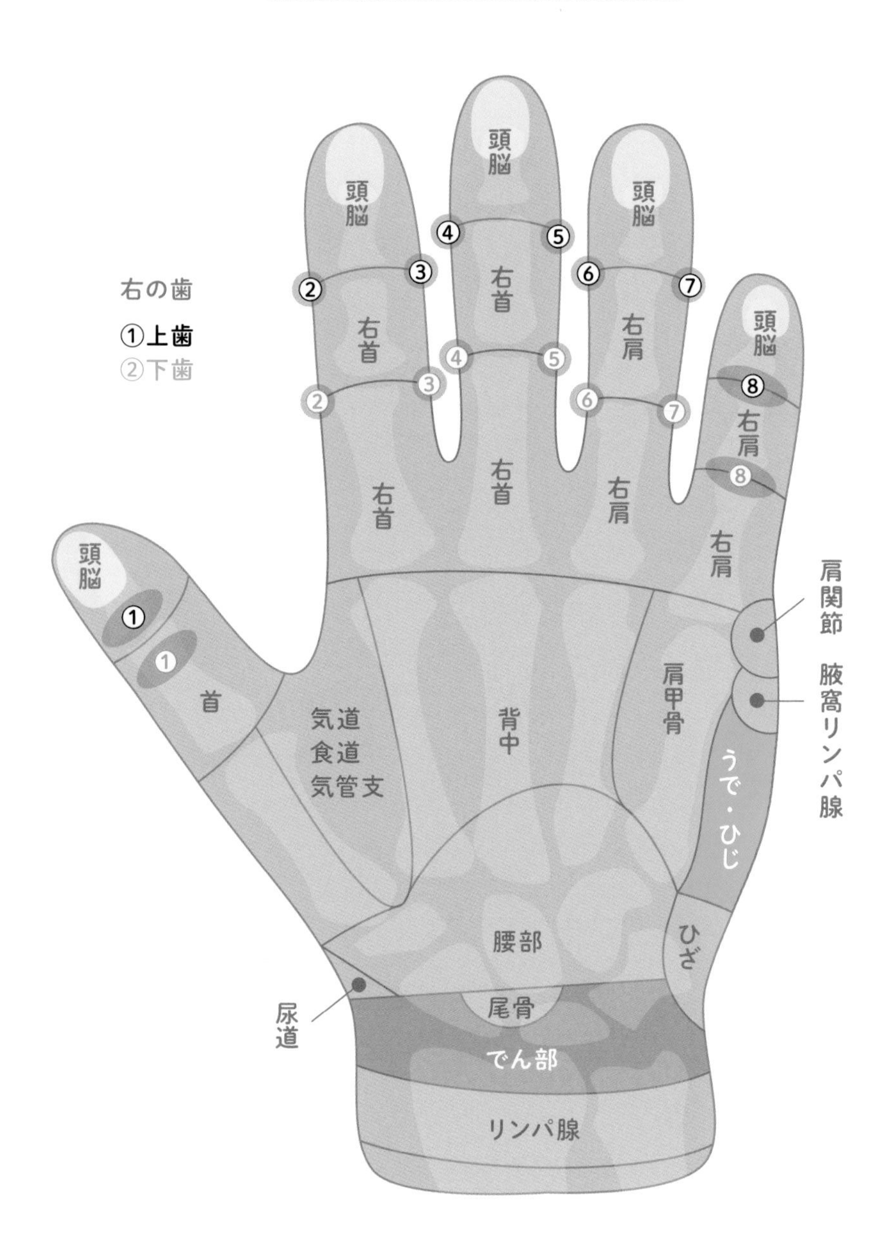
右の歯
①上歯
②下歯
頭脳
頭脳
頭脳
頭脳
頭脳
右首
右首
右首
右首
右肩
右肩
右肩
右肩
首
気道
食道
気管支
背中
肩甲骨
肩関節
腋窩リンパ腺
うで・ひじ
ひざ
腰部
尿道
尾骨
でん部
リンパ腺

左手の甲の反射区

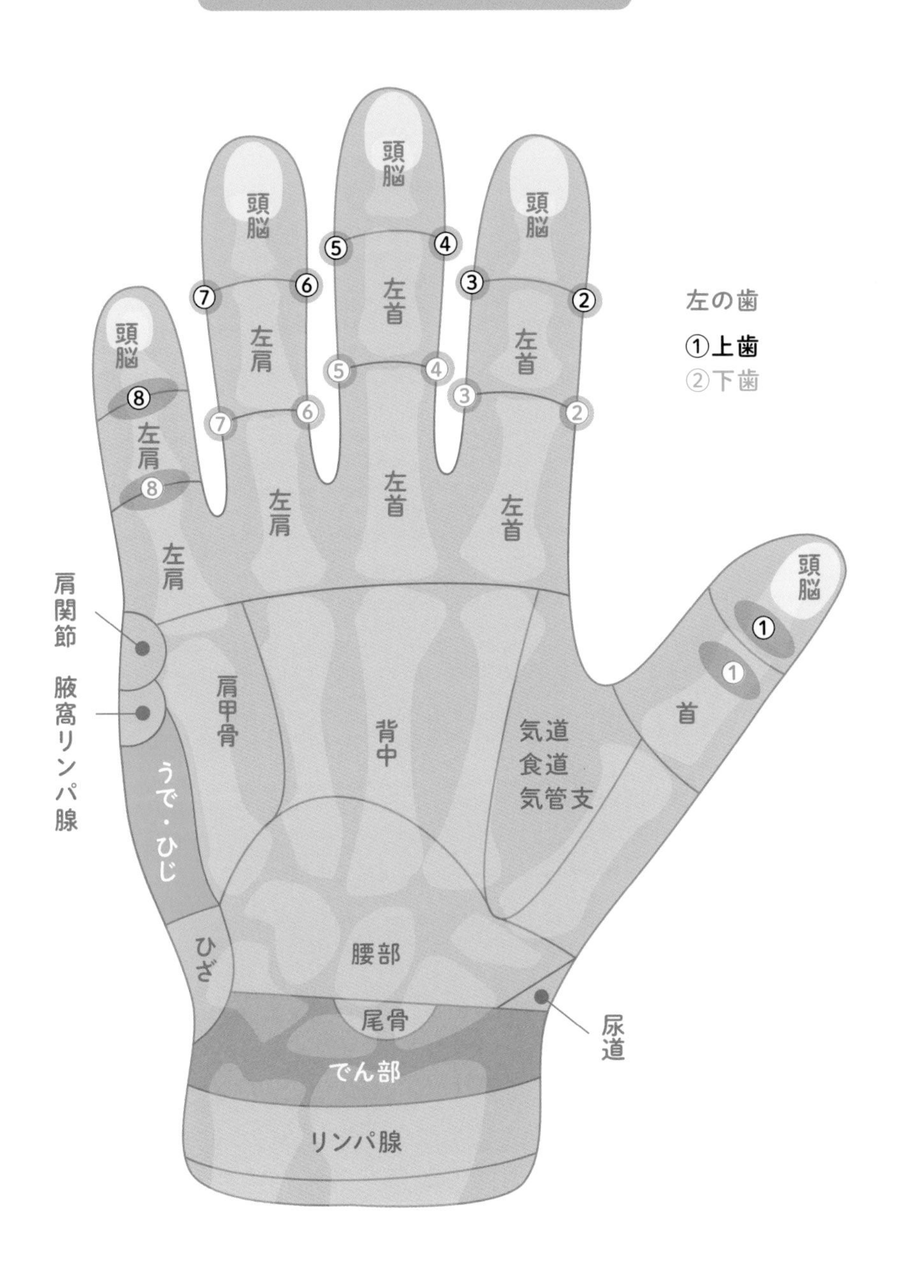
頭脳
頭脳
頭脳
頭脳
頭脳
⑤
④
⑦
⑥
③
②
左首
左首
左肩
左肩
左首
左首
左首
⑧
⑧
左肩
左肩
左肩
左の歯
①上歯
②下歯
肩関節
腋窩リンパ腺
肩甲骨
背中
気道
食道
気管支
首
①
①
うで・ひじ
ひざ
腰部
尾骨
でん部
リンパ腺
尿道

右手の平のツボ

ツボは右・左同じ。

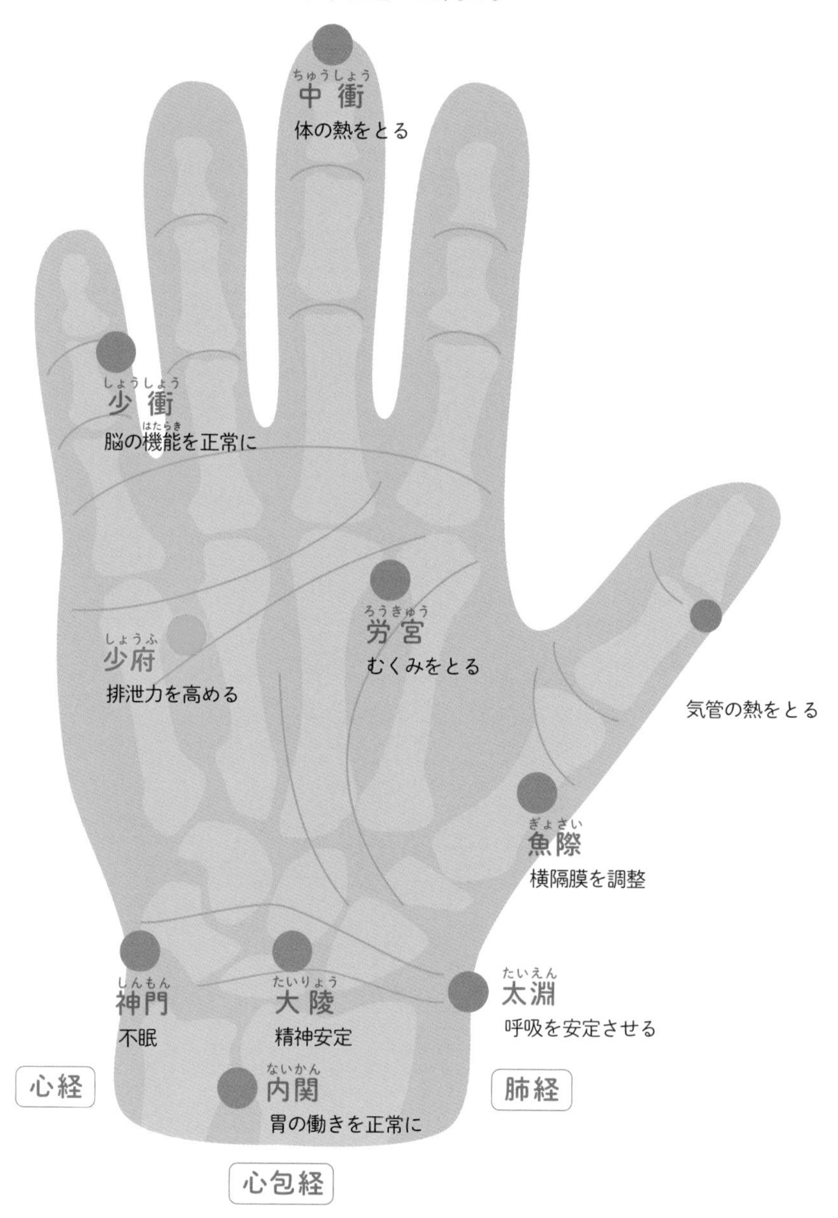

右手の甲のツボ

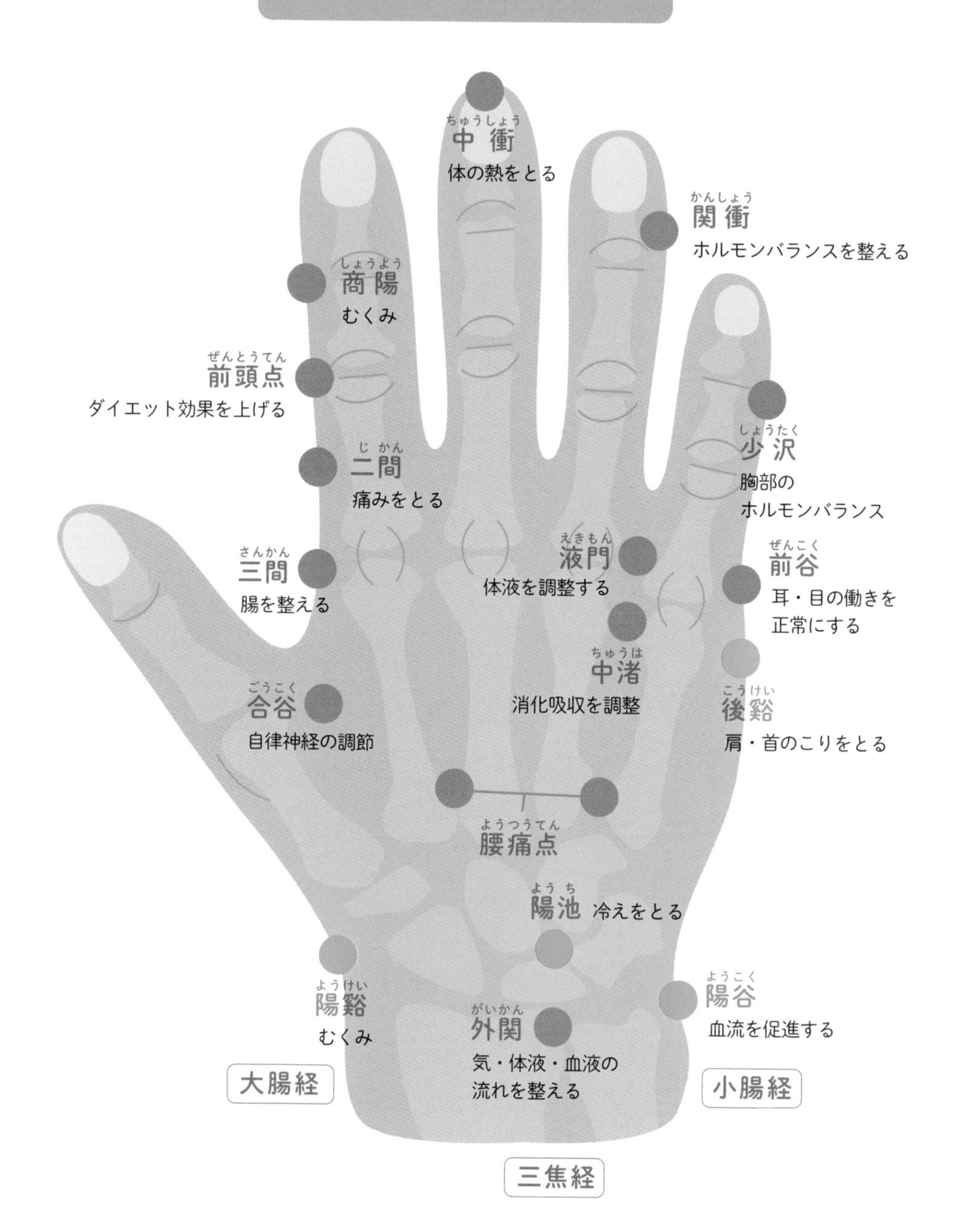

中衝
体の熱をとる
関衝
ホルモンバランスを整える
商陽
むくみ
前頭点
ダイエット効果を上げる
少沢
胸部の
ホルモンバランス
二間
痛みをとる
液門
体液を調整する
前谷
耳・目の働きを
正常にする
三間
腸を整える
中渚
消化吸収を調整
後谿
肩・首のこりをとる
合谷
自律神経の調節
腰痛点
陽池 冷えをとる
陽谿
むくみ
外関
気・体液・血液の
流れを整える
陽谷
血流を促進する
大腸経
小腸経
三焦経

お腹

腸の大掃除ができる

小腸・大腸の反射区（手の平側）

クリームを使うよ！

少府のツボも同時に押してダイエット効果を加速させる！

虫垂・回盲弁
上行結腸・横行結腸

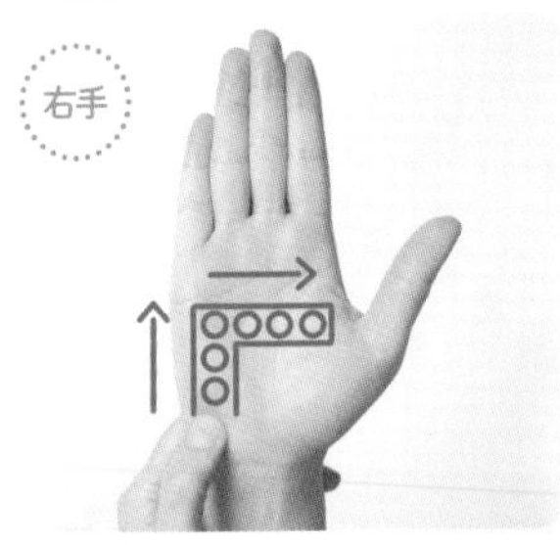

親指プッシュ＆スライド

親指で３秒間の安定圧をかけながら、少しずつずらして押していく。手のひらにクリームを塗り、チューブを絞り出すように老廃物をプチプチ押しつぶして流す。

横行結腸・下行結腸
S状結腸・直腸・肛門

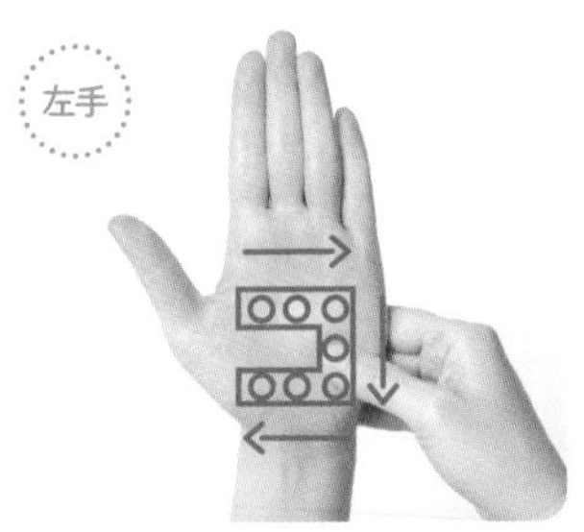

親指プッシュ＆スライド

親指で３秒間の安定圧をかけながら、少しずつずらして押していく。手のひらにクリームを塗り、チューブを絞り出すように老廃物をプチプチ押しつぶして流す。

小腸

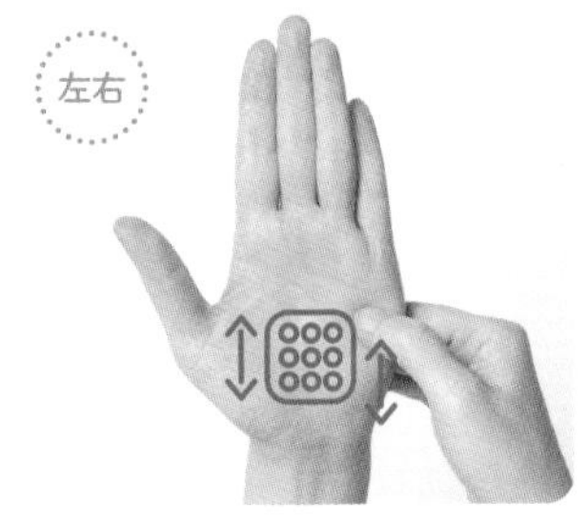

親指プッシュ＆スライド

手のひら真中より下にある小腸の反射区を、親指で３秒間の安定圧をかけながら、少しずつずらして押していく。手のひらにクリームを塗り、チューブを絞り出すように老廃物をプチプチ押しつぶして流す。

お尻

三つのツボ

冷えを取る

陽池のツボ

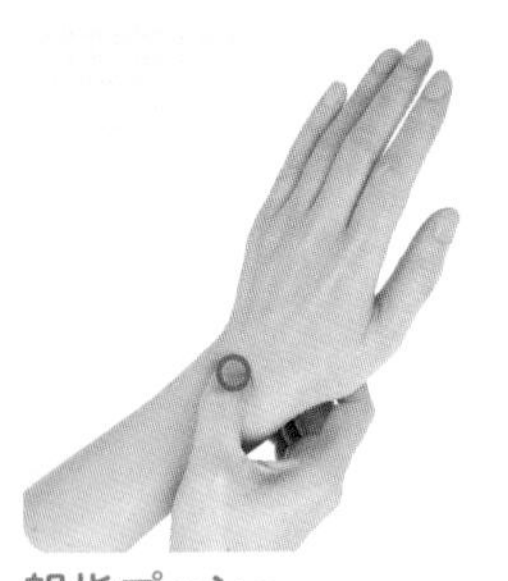

親指プッシュ

手首を反らせたときにできる横ジワ中央のくぼみの薬指ラインにある。親指で指先に向かって３秒間の安定圧を入れる。

腸の大掃除＋むくみをとる

陽谿のツボ

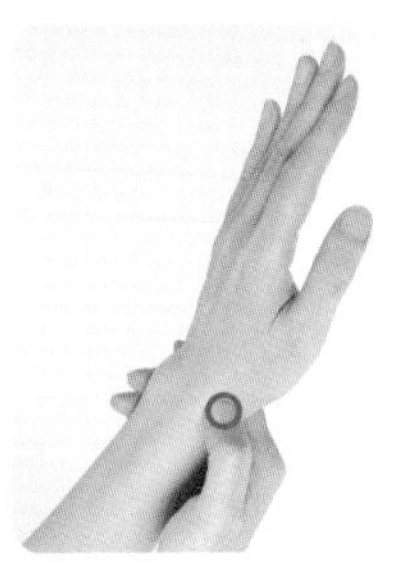

親指プッシュ

親指付け根のくぼみにある。親指で指先に向かって３秒間の安定圧を入れる。

血流＋リンパを活性させる

臀部の反射区（手の甲側）

陽谿、陽池、陽谷の「３つのツボ」も同時に押してダイエット効果を加速させる！

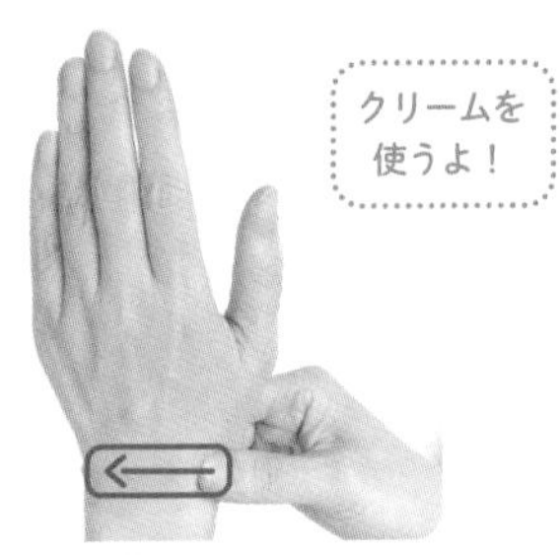

親指スライド

手首を動かしたときの骨の隙間上部にある。親指で指先側に圧をかけながら滑らせる。

二の腕

停滞している老廃物をかき出す

腕・肘の反射区（手の甲側）

後谿（こうけい）のツボも同時に押して
ダイエット効果を加速させる！

クリームを
使うよ！

親指プッシュ＆スライド

手の小指側基節骨と中手骨の関節から手首までの骨の際にある。親指で気持ち良い３秒間の安定圧で押していく。さらにもう１列行う。その後、親指スライドで老廃物を押し流す。

肩＋首のコリをとる

後谿のツボ

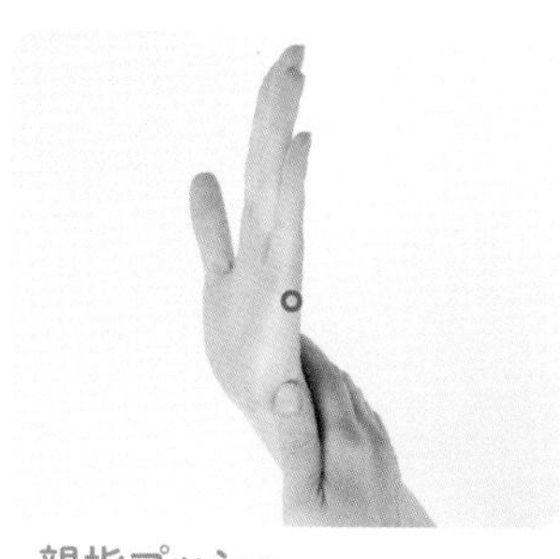

親指プッシュ

手を握ったとき、小指側の小指付け根部分の「しわ」の先端にある。親指で３秒間の安定圧をかけて押す。

排泄力を高める

少府のツボ

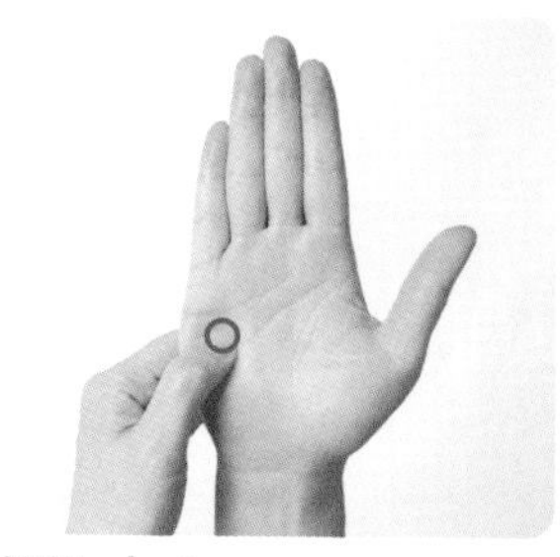

親指プッシュ

拳を握ったときに、小指の先があたるところにある。親指で３秒間の安定圧をかけて押す。

血流促進できる

陽谷のツボ

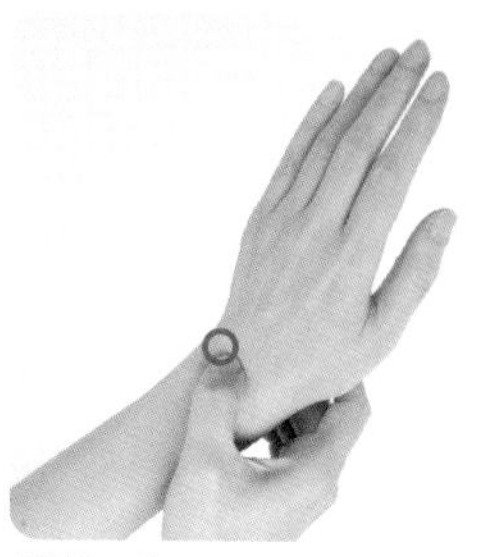

親指プッシュ

手首小指側のくぼみにある。親指で指先に向かって３秒間の安定圧を入れる。

田辺智美（たなべ・さとみ）

「足健道」さと足ツボ療術院院長、一般社団法人足健道ジャパンプロフェッショナル協会代表理事。28歳の時大型トレーラーに追突された事故により、重度のむち打ち症を患うが、「足もみ」を行い自力で完治させた。これをきっかけに世界7カ国の反射区療法、推拿整体、東洋医学全般を学び、ツボと反射区と筋肉を刺激するオリジナルの技術「足健道」を考案。2000年に加賀市で開業以来、施術実績は26,000人にのぼる。自分でできる足もみ講座やプロ養成講座の開催で後進の育成に注力している。著書に『「足もみ」で心も体も超健康になる！』（三笠書房）『もむだけ美脚ダイエット』（産業編集センター）などがあり、著書累計46万部を突破している。

関連サイト https://sokukendou.jp/

足もみ美BODYダイエット

2023年1月25日　第1刷発行

著者／田辺智美

ブックデザイン／篠田直樹（bright light）
撮影／相山良太（産業編集センター）
イラスト／サヲリブラウン
編集／松本貴子（産業編集センター）

衣装協力：SUKALA（ホットヨガスタジオLAVA）／問い合わせ先：03-6387-3577

発行／株式会社産業編集センター
〒112-0011　東京都文京区千石4丁目39番17号
TEL 03-5395-6133　FAX 03-5395-5320

印刷・製本／萩原印刷株式会社

ISBN978-4-86311-352-7　C0077